TRUE STORIES

REPORTAGEN TASCHENBUCH

TRUE STORIES

DIE DREI BESTEN REPORTAGEN DER WELT 2019

HG. TRUE STORY FOUNDATION

INHALTSVERZEICHNIS

GRUSSWORT

Die Erde ist ein Ort von faszinierender und herausfordernder Vielfalt. Sie zu erkunden heisst, die eigene Existenz besser zu verstehen. Und Wege zu finden, ihr einen Sinn zu geben oder einen in unserem Dasein zu sehen. Zumindest aus der Warte von Kindern der Aufklärung, die zudem das Privileg geniessen, nicht mehr mit dem nackten Überleben beschäftigt zu sein.

Der Zugang zur Diversität der Erde ist Privileg und Verpflichtung zugleich. Eine Türe dazu sind wahre Erzählungen – in ihrer modernen Form Reportagen. Sie lassen uns teilhaben an den Erfahrungen und Wertvorstellungen anderer Menschen; durch sie können wir in andere Realitäten eintauchen und uns mit dem auseinandersetzen, was uns unbekannt oder fremd ist. Erzählungen lassen uns mit dem Verstand und dem Herzen verstehen, was die Welt ausmacht und sie zusammenhalten kann.

Wir glauben daran, dass die Beschäftigung mit der Vielfalt unseres Planeten hilft, diese nicht nur langfristig zu bewahren, sondern eine wichtige Voraussetzung für ein globales Zusammenleben in Würde, gegenseitigem Interesse und Toleranz ist.

Dazu möchten wir einen kleinen Beitrag leisten. Der True Story Award soll ermutigen, Geschichten zu erzählen; aus den Megacities genau so wie aus den entlegensten Winkeln dieser Erde, kleine und grosse Geschichten, berührende und befremdliche, laute und leise.

Das Internationale Reportagen Festival macht einige der herausragendsten Reportagen sowie deren Autorinnen und Autoren aus der ganzen Welt in einem intimen Rahmen erlebbar. Und führt Journalistinnen und Journalisten mit demselben Ethos zusammen. Unter den Geborgenheit spendenden Lauben von Bern.

Allen Menschen, die sich im Zusammenhang mit der Premiere 2019 engagiert haben, die uns Vertrauen geschenkt, uns ermuntert und unterstützt haben, danken wir von ganzem Herzen. Das grosse Interesse am ersten Internationalen Reportagen Festival Bern motiviert uns, den True Story Award in den kommenden Jahren weiter auszurichten, zu fördern und zu pflegen.

Für den Stiftungsrat:
Ernst Widmer und Marcel Brülhart

VORWORT
JON LEE ANDERSON

Weltweit gibt es zahlreiche Wettbewerbe und Preise für Journalismus. Manche sind sehr spezifisch und einzigartig, wie jener in Chile, der Arbeiten über Armut prämiert, oder der aus Grossbritannien, bei dem vor allem Courage hoch bewertet wird. Dann sind da noch die vielfältigen nationalen Journalistenpreise, ganz vorn dabei die renommierten Pulitzerpreise in den USA. Doch verwunderlicherweise hat es selbst in unserer globalisierten Zeit noch nie einen Preis für Reportagen gegeben, der für journalistische Arbeiten aus der ganzen Welt offen ist. Mein Glückwunsch daher an den True Story Award, ins Leben gerufen von Daniel Puntas Bernet, dem Gründer und Chefredakteur des Magazins *Reportagen*. Premiere für die erste Ausgabe des True Story Awards war 2019 im Rahmen des Reportagen Festival Bern, und die Durchführung hatte geradezu epische Ausmasse, mit 50 Jurorinnen und Juroren aus 29 Ländern, die Hunderte von Arbeiten in 12 der meistverbreiteten Sprachen der Welt begutachteten: Englisch, Französisch, Spanisch, Portugiesisch, Italienisch, Deutsch, Russisch, Chinesisch, Hindi, Japanisch, Farsi und Arabisch - Raum gab es auch für andere Sprachen, die mit konkurrieren wollten -, um letztlich 42 Stücke von verschiedenen Reporterinnen und Reportern auszuwählen. Zum krönenden Abschluss wurden alle, Jurymitglieder wie Finalisten, nach Bern eingeladen, wo eine permanente, ebenfalls international besetzte Jury über die drei Gewinner entschied und Preise für den ersten, zweiten und dritten Platz vergab. So war das, und so wird es von der zweiten Ausgabe im Mai 2021 an jedes Jahr aufs Neue sein.

Falls sich jemand fragen sollte, warum es die Mühe lohnt, einen Wettbewerb für internationalen Journalismus auszuschreiben, möchte ich mit drei Namen antworten: Wladimir Putin, Donald Trump und Xi Jinping. Ich könnte weitere Namen hinzufügen, zum Beispiel Ramsan Kadyrow, Jair Bolsonaro, Mohammed bin Salman, Recep Tayyip Erdogan ... Es gibt noch viele mehr, die Liste ist lang. Diese Namen verbindet, dass sie zu politischen Führungspersönlichkeiten unserer aktuellen Welt gehören, die alle denselben Hass gegen die freie Meinungsäusserung, die freie Presse und tatsächlich gegen den Journalismus an sich aufweisen. Trump hat nicht nur den Begriff «fake news» erfunden, um den unerlässlichen Journalismus, der für ihn eine Bedrohung darstellt, herunterzumachen und anzuzweifeln, er spricht sogar regelmässig von der Presse als «Volksfeind». Auf diese Weise, indem er die Kanzel der von ihm erlangten Macht missbraucht, hat er viel Schaden angerichtet. Auch wenn er den Journalismus insgesamt nicht totkriegen konnte, hat er doch den gesellschaftlichen Raum stark beschädigt, in dem der Journalismus zuvor lange Zeit als eine wichtige Stütze der Demokratie angesehen wurde. In Russland, wo die Demokratie-Bekundungen des Putin-Staates fast einer Art satirischen Scharade gleichkommen, werden die umtriebigsten Journalisten angegriffen, bedroht, und manchmal schlichtweg umgebracht, von mysteriösen Übeltätern, die nie gefasst werden. In China, wo Überwachung und Zensur der Bürger orwellsche Ausmasse angenommen haben, werden Journalisten mehr als in jedem anderen Land der Welt unter Arrest gestellt und verhaftet, in manchen Fällen mit einem besonders perversen Twist unter der Anklage, «falschen Journalismus» zu betreiben.

Natürlich gibt es viele andere Länder, in denen die Strafe für eine unbequeme Reportage nicht auf offiziellem Wege, sondern direkt durch Auftragsmörder erfolgt, entweder auf Befehl des gerade beleidigten Mafiabosses, oder des öffentlichen Beamten, der gemeinsame Sache mit dieser Mafia macht - aber im Grunde kommt es auf die Unterscheidung gar nicht so sehr an, weil Mafia und Regierung zuweilen gewissermassen gemeinsam herrschen; es gibt kaum einen nennenswerten Rechtsstaat und Straffreiheit wird unverhüllt praktiziert. Für einige dieser Mächtigen, ob sie nun im Rampenlicht oder aus dem Schatten regieren, ist der Journalismus der schlimmste Feind, das Einzige, was sie bremst in einer Welt, in der Geld gleich Straffreiheit bedeutet und quasi absolute Macht. Von den besonders dreisten Fällen der letzten Zeit fallen einem die Ermordung der maltesischen Journalistin Daphne Caruana Galizia durch eine Autobombe im Jahr 2017 ein, mit der triangulären Beteiligung von Oligarchen, Polizisten und Politikern höchster Ebene; die brutale Hinrichtung des jungen slowakischen Journalisten Ján Kuciak und seiner Freundin Martina Kušnírová im Jahr 2018, durch einen von Unternehmern und korrupten Polizisten beauftragten Mörder; und im selben Jahr der groteske Tod von Jamal Khashoggi im saudischen Konsulat in Istanbul durch ein vom saudischen Kronprinz Muhammad bin Salman entsandtes Killerteam.

Wenn der Journalismus eine Bedrohung für das Ausüben grenzenloser Macht darstellt, ist er aus ebendiesem Grund ein wichtiger Garant für die Demokratie. Wer macht Schikanen der Polizei öffentlich bekannt, wenn nicht Journalisten? Wer weist auf die Interessenskonflikte von Politikern, Richtern und Unternehmern hin? Wer deckt die geheimen Bankkonten der Politiker und Unternehmer auf, in Panama oder sonstwo; den Missbrauch von Umweltressourcen, oder sexueller, rassistisch motivierter oder sonstiger Art?

Nicht, dass aller Journalismus aufdeckend ist, oder es sein sollte. Doch sehr wohl ist allem Journalismus der Wille zu eigen, das Recht auf freie Meinungsäusserung auszuüben und anderen etwas über unser Erleben, unsere kollektive Realität erzählen zu können, wo auch immer wir auf der Welt leben, ohne Zurückhaltung oder Zensur. Denn der Journalismus entfaltet in einer Welt, die so vielfältig, durch das Internet aber zugleich so vertraut und nah ist, nicht nur eine lokale, sondern eine potentiell globale Kraft. Dem Journalismus ist es zu danken, dass der Rest der Welt in den letzten Jahren vom Leid der Rohingya erfahren hat, einer muslimischen Bevölkerungsgruppe in Myanmar, die Opfer eines brutalen, staatlich organisierten Pogroms geworden ist, so sehr besagter Staat das auch abstreitet. Dasselbe lässt sich über die Volksgruppe der Uiguren sagen, die gegenwärtig in ihrer angestammten Region in Westchina in ungewöhnlichem Mass Repressalien durch die chinesischen Behörden ausgesetzt ist.

Auch wenn ich sagte, dass nicht aller Journalismus aufdeckend ist oder sein sollte, ist es doch wichtig - überlebenswichtig -, dass uns eine Form zur Verfügung steht, um unsere Realität einzuschätzen und zu erfahren, was wirklich gerade vor sich geht, mit uns und der Welt um uns herum. Haben wir diese Möglichkeit nicht, kehren wir wieder in die Zeiten zurück, in denen die Menschen die Erde für flach hielten, weil sie noch nicht wussten, dass sie rund ist. Ein frei fliessender globaler Journalismus, der ungehindert Beobachtungen und Feststellungen kommunizieren kann, dient uns als Augenöffner, wie auch als Instrument, einander in einer Welt näherzukommen, die in der Hand der neuen Populisten in Schräglage zu geraten scheint, sich zunehmend in bunkerartigen Nationen verschanzt und sich mehr und mehr mit einem Journalismus begnügt, der mehr als allem anderen Propaganda gleicht.

Im vergangenen Jahr gab es einen speziellen Moment, als ich mich in dem Saal umsah, wo ich mit den anderen Mitgliedern der Schlussjury zusammensass, und mir klar wurde, dass ich da unter anderem mit einer Libanesin, einer Argentinierin, einer Chinesin, einem Thailänder, einem Franzosen und einem Somalier beisammen war, und das war ein sehr angenehmes Gefühl der innigen Verwandtschaft. Dort drinnen und draussen, auf den Strassen, während des Reportagen Festivals, waren Menschen aus der ganzen Welt präsent. Für einige Tage fühlte Bern sich an wie der Nabel der Welt, die Stadt wurde zur mitfühlenden und toleranten Gastgeberin für ein äusserst notwendiges und gesundes Experiment, ein Mittel gegen Hass, Fremdenfeindlichkeit und Unverständnis.

Bei der ersten Austragung des True Story Awards hatte die Jury über 39 Texte zu befinden, und wir trafen auf eine Bandbreite von Geschichten, so faszinierend und vielfarbig wie die Welt, in der wir leben: von den Odysseen afrikanischer Emigranten bis hin zu den schrillen Leben russischer Punk-Künstler, und dazwischen so viel anderes mehr. Es gab Storys für jeden Geschmack, was sich auch in den Vorlieben der einzelnen Jurymitglieder spiegelte. Wir hatten gehaltvolle Diskussionen, wie auch den einen oder anderen hitzigen Schlagabtausch. Zum Schluss jedoch fanden wir, wie bei jedem Wettbewerb, zu einer mehrheitlichen Entscheidung für drei wirklich herausragende Arbeiten.

Der Klub der Nutzlosen, auf dem dritten Platz, aus der Feder des chinesischen Journalisten Du Qiang, ist ein Stück, das uns alle staunen liess über den Zugang und die Durchdringung, die dem Reporter in der von ihm porträtierten Subkultur gelang. Qiang lebte 45 Tage mit einer Gruppe chinesischer Nihilisten zusammen, den so genannten „Göttern von Sanhe", die mehr schlecht als recht als Wanderarbeiter im Randgebiet der Millionenstadt Shenzhen leben. Diese Charaktere arbeiten entschieden nicht, sind internetsüchtig und verharren wochenlang in Cybercafés in einer kollektiven Seinsform hartnäckiger Sinnlosigkeit. Eine der einprägsamsten Figuren ist die erfahrene Prostituierte Schwester Hong. In seiner ausführlichen Reportage bietet Qiang uns einen privilegierten und beeindruckenden, um nicht zu sagen haarsträubenden, Blick auf die «underside» von Chinas erzwungenem Marsch in den Wohlstand. Nachdem wir *Der Klub der Nutzlosen* gelesen hatten, war uns meinem Empfinden nach allen so, als hätten wir etwas Neues und Überraschendes über dieses Land mit seiner riesigen Bevölkerung entdeckt, die von aussen oft als einheitliche Masse gesehen wird. Qiang ermöglicht es uns, die Chinesen so zu sehen, wie sie sind - ja, es ist ein Land, voller Leute, aber auch mit unendlich vielen Kontrasten, also voller Individuen, die ihr ganz eigenes Leben und persönliche Charakterzüge haben, wie die Götter von Sanhe.

Mit Max Arax' *Ein Königreich aus Staub*, das den zweiten Platz gewann, prämierten wir eine breit angelegte Geschichte über die Machenschaften eines Multimillionär-Pärchens, das die Trockenfrucht-Industrie in Kalifornien an sich gerissen hat, und zugleich viele der Wasserreserven. Die jahrzehntelange Recherche, auf der diese Story basiert, sowie Arax' Kenntnis von und Nähe zu der Kultur und den Orten, über die er schreibt, machen seine Arbeit besonders genau und verleihen ihr journalistischen Wert. Es liest sich wie ein Kapitel aus einem grossen Roman, erinnert auf wirklich eindrucksvolle Weise teils an Steinbeck. Letztendlich ist es eine ebenso universale wie amerikanische Erzählung, mit einzigartigen Porträts der Protagonisten und in erstklassiger Prosa verfasst.

Die mit dem ersten Preis ausgezeichnete Story, *Monitor 1* von Shura Burtin aus Russland, hat alle bewegt und beeindruckt. Es ist das Profil von Oyub Titiyeb, einem Tschetschenen, der für die Menschenrechtsorganisation *Memorial* arbeitet - oder besser gesagt: arbeitete -, in deren Büro in Tschetschenien, dem Kaukasusstaat unter Herrschaft des despotischen Ramsan Kadyrow, Mörder mit Putins Plazet. Diese Erzählung führt uns nicht nur tief nach Tschetschenien und zeigt uns die beunruhigende Realität unter der Oberfläche in der von Kadyrow dominierten Nachkriegszeit, sie liefert zudem ein faszinierendes Porträt von Titiyeb, einem Mann, der durch seinen waghalsigen Mut besticht und schliesslich im Gefängnis landete (aus dem er im Sommer 2019 auch dank Burtins Text freigelassen wurde), offensichtlich um seine Nachforschungen über Menschenrechtsverletzungen in Tschetschenien zu stoppen. Seine Vorgängerin wurde brutal ermordet, vermutlich von Kadyrows eigener Polizei. Burtin, der sehr gut schreibt, hat auch etwas mit seinem Protagonisten Titiyeb gemeinsam - nämlich den Mut: um diese Reportage zu schreiben, bereiste er ganz Tschetschenien und sprach mit einer immensen Bandbreite an Personen, was keine Kleinigkeit ist. Er hat für uns Licht auf einen vom Terror verdunkelten Ort geworfen, der jedoch am Rande der internationalen Medienaufmerksamkeit liegt, und hat ihn für uns alle unvergesslich gemacht.

Abgesehen von ihrer herausragenden Qualität haben all diese Arbeiten gemeinsam, dass es ihnen gelingt, völlig unterschiedliche Realitäten unserer aktuellen Welt verstehbar, ja geniessbar zu machen, für wen auch immer, woher er oder sie auch kommen mag. Ich bin sicher, mit diesen unvergesslichen, authentischen, überraschenden und lehrreichen Geschichten bringt uns der True Story Award näher zusammen und weckt Verständnis für einander, über die uns trennenden Landesgrenzen hinaus. Wenn dieser Effekt eine der Auswirkungen eines internationalen Journalismuspreises ist - was könnte dann noch wichtiger sein? Man darf in diesem Fall ruhigen Gewissens sagen, dass die Schweiz etwas noch Kraftvollerem Raum bietet als ihre berühmte und zuweilen umstrittene Neutralität. Die Schweiz, genauer gesagt Bern, ist der Ort, wo zumindest für einige Tage im Jahr bei einem grossen Treffen ohne Grenzen oder Fesseln alle Kulturen, Credos und Couleurs unserer gemeinsamen Welt zusammenfliessen, und daraus erwächst ein Raum für Mut und Freiheit. Mein Glückwunsch also, und weiter so, True Story Award, du hast uns allen sehr gefehlt!

Aus dem Spanischen von Silke Kleemann

Jon Lee Anderson ist 1957 geboren und seit vier Jahrzehnten Reporter. Er schrieb viel beachtete Bücher, arbeitet für den «New Yorker» und ist einer der acht Hauptjuroren des True Story Award. Anderson lebt im englischen Dorset.

TRUE STORY AWARD 2019

1. PREIS SHURA BURTIN

MONITOR 1

Der sechzigjährige Ojub Titijew ist im Januar 2018 verhaftet worden. In seinem Auto wurden angeblich Drogen gefunden. Menschenrechtsaktivisten bezeichnen die Vorwürfe als konstruiert. Ojub Titijew, ein ehemaliger Lehrer und Boxtrainer, leitete neun Jahre lang die tschetschenische Abteilung von Memorial, *nachdem die frühere Vorsitzende Natalja Estemirowa entführt und ermordet worden war. Bis zu seiner Verhaftung hatte fast niemand von Titijew gehört, und nur wenige wussten, dass* Memorial *in Tschetschenien immer noch aktiv war. Erstaunlich ist das nicht, denn Titijew arbeitete im Geheimen. Faktisch waren er und seine Kollegen eine kleine Partisanentruppe, aber eine, die die Menschen rettet und sie nicht umbringt. Der Moskauer Journalist Schura Burtin kennt Titijew schon lange. Als er verhaftet wurde, fuhr Burtin nach Tschetschenien – um durch Ojub Titijews Biografie die Nachkriegsgeschichte dieser Republik zu erzählen.*

«Ich erinnere mich, wie Mama ihm einmal hinten einen Flicken auf die Hose genäht hat», erzählt Ojubs ältere Schwester. «Er war in der zweiten oder dritten Klasse. Mama sagte: ‹Trag diese Hose für die Schule, die andere ist noch feucht.› Er hat sich unwillig angezogen, hat seine Sachen gepackt und ist mit seiner Schultasche los, ohne ein Wort. Mama sagte zu mir: ‹Ich weiss, dass er sich jetzt irgendwo versteckt. Lauf ihm unauffällig nach.› Ich bin los, ihm nach. Er stand um die Ecke bei den Nachbarn, war nicht weitergegangen. Ich wartete und wartete, aber er kam nicht raus. Da ging ich zu ihm und sagte: ‹Mama wird schimpfen ...› Unsere Mutter war noch ziemlich streng. ‹Guck mal, ist doch überhaupt nicht zu sehen. Geh heute so, Ojub. Setz dich einfach hin, und niemand wird etwas merken.› Da ist er widerwillig losgegangen.

An diese Geschichte erinnere ich mich aus irgendeinem Grund ständig, warum weiss ich nicht.»

Ich hatte nicht vor, diese Episode einfliessen zu lassen, sie schien mir zu wenig aussagekräftig. Aber dann merkte ich, dass auch ich mich ständig an sie erinnerte. Vermutlich deswegen, weil sich in ihr tatsächlich Ojubs eigentliche, scheue und eigensinnige Natur zeigt.

Ojub Titijew habe ich vor zehn Jahren kennengelernt, er war ein Freund und Kollege meiner Schwester. Zusammen bauten sie in den tschetschenischen Bergregionen zerstörte Schulen wieder auf und transportierten Kranke und Verletzte zur Behandlung nach Moskau. Er war ein schweigsamer Mann mittleren Alters, auf den ersten Blick ohne besondere Auffälligkeiten.

Ich sollte damals einen Text über das tschetschenische Gewohnheitsrecht schreiben, die Adaten, und Ojub fuhr mit mir für ein paar Tage durch die Berge, machte mich mit einigen der Ältesten bekannt. Aus irgendeinem Grund kannte er dort alle. Er erwies sich als angenehmer Mensch, und man spürte sofort, dass er sehr zuverlässig war. Zugleich war sein Verhalten auf dörfliche Weise einfach und direkt, sodass wir sofort zum «Du» übergingen, obwohl er um einiges älter war als ich. Damals habe ich gemerkt, dass sich hinter dieser gemächlichen Art noch etwas anderes verbirgt. Wenn er von den Dörfern erzählte, erwähnte er manchmal Kriegshandlungen, die sich dort ereignet hatten – inklusive der Nummern von Einheiten, Namen von Kommandeuren, den genauen Zahlen der Opfer und den konkreten, schrecklichen Umständen ihres Todes. Und wer, wann, bei wem und für wie viel den Körper dieses oder jenes Getöteten freigekauft hatte. Ich spürte, dass er das alles ganz genau wusste und dass seine Informationen nicht aus dem Internet stammten.

Später verstand ich, dass Ojub weitaus besser informiert war als alle mir bekannten *Memorial*-Mitarbeiter, anderen Menschenrechtsaktivisten und Journalisten. Es schien, als wüsste er bis ins letzte Detail über alles Bescheid, was in Tschetschenien passiert ist und bis heute passiert. Auf jede Frage hatte er für gewöhnlich eine kurze, konkrete Antwort. Manchmal sagte er zum Beispiel «Nein, so war es nicht» – und es war klar, dass keine weiteren Ausführungen folgen würden, sondern dass dies genau so viel an Information war, wie es für das Verständnis der Situation notwendig war. Sein Wissen hat Ojub nie kommentiert und war auch offensichtlich nicht stolz darauf. Er sah aus wie ein bescheidener Dorflehrer, der aus unerklärlichen Gründen die Last ungeheuren Wissens über das menschliche Leid auf seinen Schultern trägt.

Obwohl wir öfter freundschaftliche Gespräche führten, hat Ojub nie etwas Persönliches erzählt. Daher wusste ich lange nicht, was ich sonst noch über ihn schreiben könnte.

«In Tschetschenien wird kaum jemand überhaupt mit dir reden», sagte mir eine Bekannte von Ojub. «Ich jedenfalls würde es nicht tun, wenn ich dort wäre ...»

Sie hat sich geirrt: Mir fehlte die Zeit, mich mit allen zu treffen, so viele wollten etwas über Ojub erzählen. Allerdings kann ich keinen einzigen der Tschetschenen hier beim Namen nennen. Ich konnte bei niemandem zu Gast sein, musste immer in Hotels übernachten. Jeder Einheimische, der in diese Geschichte verwickelt ist, geht ein grosses Risiko ein.

VERGEBUNG

Es gibt ein Ereignis in Ojubs Kindheit, das vermutlich einen starken Einfluss auf sein Schicksal hatte: Sein Vater, ein Dorfpolizist, tötete einen Menschen. Es war ein unglücklicher Zufall, und die Unschuld des Vaters war allen klar. Die Titijews baten um Vergebung, und die Sippe des Getöteten verzieh ihnen. In Tschetschenien gilt das Gesetz der Blutrache: Ein Mord kann nicht ungesühnt bleiben. Die Familie des Getöteten muss sich entweder rächen oder der Familie des Mörders vergeben. Lange Verhandlungen werden geführt, Kompensationen vorgeschlagen, religiöse Autoritäten und die Ältesten anderer Sippen hinzugezogen. Es ist wichtig zu verstehen, dass die Blutrache nicht das Recht der Familie ist, sondern ihre Pflicht. Ihr Umfeld erwartet von ihr, dass sie Gerechtigkeit ausübt. Einen Mord nicht zu rächen würde bedeuten, den Ruf der Sippe zu zerstören – und dieser ist die Grundlage der gesamten Lebensführung. Vergebung ist möglich, doch dafür braucht es eine spezielle Prozedur und gewichtige Begründungen, mit denen alle einverstanden sind.

Eine Vergebung erlegt der Familie des Mörders ungeheure Verpflichtungen auf. Ab sofort muss sie der Familie des Getöteten beistehen und in allen schwierigen Situationen immer als Erste hilfreich zur Stelle sein, so als würde sie den Verstorbenen zu ersetzen versuchen.

«Wir sind jetzt für die Familie des Mannes, den Titijews Vater getötet hatte, wie Verwandte», erzählt Ojubs Schwester. «Seit damals helfen wir ihnen. Wir haben ihnen geholfen, als ihr Sohn geheiratet hat, und wir helfen ihnen im Herbst und Frühling auf den Feldern. Als eine normale Familie sind wir dazu verpflichtet, ihnen auf diese Art beizustehen.»

Das soziale Leben des Mörders ändert sich fundamental: Es ist, als wäre er tot oder lebte in ewiger Trauer. Er muss seinen Heimatort verlassen oder, wenn er bleibt, sich äusserst demütig verhalten: Er darf nicht mehr am öffentlichen Leben teilnehmen, kann keine Versammlungen der Dorfgemeinschaft besuchen, nicht unter die Leute gehen.

«Ihr Vater gab seine Arbeit auf und musste von da an zu Hause sitzen, durfte sich niemandem zeigen», erzählt ein Freund der Familie Titijew. «Und während er zu einem solchen Leben gezwungen war, lud die Mutter die Verantwortung für die Familie auf ihre Schultern. Es war hart für sie ... und sie war eine so starke Frau.»

Ojubs Vater war ein sehr weicher Mensch und, der sowjetischen Ordnung zum Trotz, gläubig. Die Mutter dagegen war sehr streng. Ojub war der jüngste von vier Brüdern. Ich vermute, dass die Tragödie des Vaters Ojub stark geprägt hat - sie hat seine Verschlossenheit, Bescheidenheit und Abneigung gegen Gewalt verstärkt. Und mir scheint, dass Ojub sein ganzes Leben ein Gefühl der Schuld mit sich herumtrug.

DER SPORTLEHRER

Ojub machte einen Abschluss am Agrarinstitut und an einer Hochschule in Nowgorod und fing nach der Rückkehr nach Kurtschaloj an, als Sportlehrer an einer Schule zu arbeiten. Mitte der 1980er-Jahre gründete er dort mit einem Kameraden einen Boxverein, einen der ersten in Tschetschenien. Alle seine Freunde sagen, dass Ojub hingebungsvoll, ja fanatisch in Sport vernarrt ist.

«Er hat einen der Boxklubs in Tschetschenien aufgebaut, aus dem seither einige Champions hervorgegangen sind», erzählt Alexander Tscherkassow, der Vorsitzende von *Memorial*. «Er hat sich da sehr reingehängt. Das Schicksal dieses Klubs ist ihm überaus wichtig, genauso wie das seiner Schüler. Die Leidenschaft für den Sport ist nicht irgendein beliebiger Charakterzug, sondern ein Grundpfeiler seines Lebens.»

Ich kann mir Ojub, mit seinem Ernst und seiner Wortkargheit, sehr gut in der Rolle des Trainers vorstellen. Ich stelle mir vor, dass er seine Schüler sehr liebt, wenn er es sich auch nicht anmerken lässt; wie geduldig er mit ihnen ist. Dieser Verein hat in seinem Leben eine bedeutende, widersprüchliche Rolle gespielt.

Während der Perestroika verliess Ojub die Schule. Anscheinend handelte er mit Möbeln und anderem Kram und führte einen kleinen Laden in Gudermes. Er heiratete. Erzählungen nach zu urteilen, war er damals anders: ein fröhlicher, offener und kontaktfreudiger junger Mann. So verlief sein Leben bis zum Kriegsausbruch. Und als russische Truppen in Grosny einmarschierten, schloss sich Ojub, so wie viele andere, der Dudajew-Miliz an. Er hörte dabei nicht auf die Meinung seiner älteren Brüder.

«Am Anfang lauteten die Aufrufe so: ‹Los jetzt, raus mit euch! Ehefrauen, Mütter – lasst eure Männer gehen! Wenn du ein Mann bist – verkauf die Kuh und kauf dir eine Maschinenpistole!› Na ja, einige haben sich verleiten lassen, ehrliche, gute Männer», erzählt Jakub Titijew. «Aber als Dudajew im Fernsehen erschien, habe ich meinen Brüdern von Anfang an gesagt: ‹Nein, diesem Schnauzer werde ich nicht hinterherlaufen, das ist kein männlicher Schnauzer. Wenn es sein muss, finden wir Waffen, gehen raus. Wir sind zu viert. Aber im Moment macht es keinen Sinn, sich zu verteidigen. Niemand hat vor, uns die Heimat wegzunehmen.›» Ojub ging trotzdem. Ihm folgten viele Jugendliche aus dem Dorf, darunter seine Schüler. Aber er ist nicht lange in Grosny geblieben.

«Seine Mutter und Schwester sind hingefahren», erzählt einer seiner Freunde, «und haben auf den Knien, weinend, auf ihn eingeredet, dass der Vater weg sei und er die Familie nicht einfach im Stich lassen könne und so weiter. Seine Mutter sagte ihm: ‹Wenn du jetzt nicht gehorchst und mitkommst, dann bist du nicht mehr mein Sohn.› Und Ojub fühlte sich so schuldig gegenüber seiner Mutter, dafür, dass sie so wenig vom Leben gesehen hatte, dass sie es immer so schwer gehabt hatte ... Und so musste er mitgehen.»

Ojub gehorchte und kehrte heim. Aber seine Schüler blieben dort, um zu kämpfen. Sie kamen um, siebzehn an einem Tag. Ojub lief über das Feld und las sie in Einzelteilen auf - hier einen Arm, dort ein Bein, irgendwo anders einen Stiefel.

DEPRESSION

Nach dem Tod seiner Schüler verliess Ojub lange Zeit das Haus nicht, sprach mit niemandem. Die Freunde dachten, er sei durchgedreht.

«Die ganze Zeit sass er da, meisselte steinerne Tschurty - die hiesigen Grabsteine -, und setzte sie auf ihre Gräber. Es war ein schwerer Schlag für ihn, dass er zurückgekehrt war und sie gestorben waren.»

Alle sagen, dass Ojub die nächsten Jahre in einem depressiven Zustand verbracht hat. Sein Charakter veränderte sich. Er wurde zu dem stillen und nachdenklichen Menschen, den wir heute kennen. Er half den anderen Dorfbewohnern, nach in Gefangenschaft geratenen Verwandten und den Leichen der Getöteten zu suchen, und sie bei den föderalen russischen Kräften freizukaufen.

«Normalerweise haben sich die Frauen um die Suche nach den Verschollenen gekümmert. Die Männer mussten sich damals hinter den Frauen verstecken, weil es zu gefährlich war. Aber Ojub hatte keine Angst. Er hat sich nie unter einem Rock verkrochen», erzählt ein Freund.

Ich glaube, dass Ojub damals, in diesem Zustand, gelernt hat, sehr gefährliche Dinge zu tun und beim Erledigen einer Aufgabe die Angst vollständig zu ignorieren. Möglicherweise versuchte er auf diese Weise, seine Schuld zu bereinigen. Oder er hoffte, dabei umzukommen.

«Er hat unheimlich viel riskiert», erzählt ein Nachbar. «Da gab es diesen Rebellenführer namens Radujew, erinnern Sie sich? Er marschierte in Gudermes ein, seine Leute begannen zu schiessen. Die Föderalen haben es ihnen dann mit gleicher Münze heimgezahlt. Ich bin mit Ojub nach Gudermes gefahren, durch das Zentrum, über die Brücke, alles war voller Leichen. Einen der Toten habe ich sogar erkannt, Nikolaj Narenko, er arbeitete bei der Verkehrspolizei. Die Leute flüchteten zu Fuss aus der Stadt: Bomben fielen, es wurde geschossen. Und Ojub begann, in seinem Auto die Leute aus der Stadt zu fahren. Während die Bomben fielen, fuhr er den ganzen Tag hin und her. Den Seitenflügel haben sie ihm durchlöchert, ein riesiges Loch war darin. Danach hat er die Leichen bestattet ...»

Es muss damals gewesen sein, dass Ojub anfing, sich alles zu merken, was er über die Geschehnisse erfuhr. Alle Kollegen sagen, dass sie oft über sein phänomenales Erinnerungsvermögen für Daten, Zahlen und Ereignisse staunten. «Wahrscheinlich kann nicht einmal ein Computer so viel behalten. Seit 1990 – jedes Jahr, jeden Monat, jeden Tag, wann sich etwas ereignet hat, was an welchem Tag geschehen ist. Wenn zum Beispiel jemand getötet wurde, hat er sich buchstäblich alles gemerkt. Sein Erinnerungsvermögen machte mich sprachlos», berichtet ein Nachbar.

«Bei den Muslimen und den Juden gibt es diese Überzeugung», sagt Tscherkassow. «Wenn du nichts tun kannst, nicht einmal etwas sagen - dann kannst du dich zumindest erinnern. Auch das wird dir am Tag des Jüngsten Gerichts mit angerechnet.»

DER FREIWILLIGE

Ojubs Laden in Gudermes brannte im Krieg bis auf die Grundfesten nieder. Seine Schwager wollten ihn wieder aufbauen, aber Ojub hatte das Interesse daran verloren. Er kehrte in die Schule zurück, in der sein älterer Bruder Sultan als Direktor arbeitete. Das Schulgebäude war zerstört worden, die Brüder bauten es mit blossen Händen wieder auf. Ojub unterrichtete dann Sport und Geschichte. Als der Zweite Tschetschenienkrieg begann, war es wieder Ojub, der die Dorfbewohner aus den russischen Filtrationslagern rausholte.

Im Jahr 2000 kam Natascha Estemirowa von der Menschenrechtsorganisation *Memorial* in Kurtschaloj an. Sie sammelte Daten über die Getöteten und Verschleppten. Man verwies Natascha an Ojub, der sich anbot zu helfen. So lernten sie sich kennen, und von da an besorgte er Informationen für sie.

Zu Beginn beäugten Ojub und die *Memorial*-Mitarbeiter einander misstrauisch. Der Menschenrechtsaktivistin Swetlana Gannuschkina kam es so vor, als würden sie wohl nicht gut miteinander arbeiten können: «Er lächelt selten, kriegt die Lippen nicht so recht auseinander. Wie soll man mit so einem Menschen arbeiten? Seine erste Reaktion, sein Gesichtsausdruck schienen zu sagen, dass das, was wir da machen, Mumpitz sei. Aber mit der Zeit erkannte er, dass wir es ernst meinen.»

Alle seine Freunde sagten mir, dass *Memorial* für Ojub die Rettung war und er ansonsten definitiv verrückt geworden wäre. Anfangs gab er einfach als Freiwilliger Informationen weiter. Er hielt alles handschriftlich fest und fuhr über fünfzig Kilometer und Dutzende von Checkpoints nach Chassawjurt, um die Dokumente nach Moskau zu schicken. Er unterschrieb nicht mit seinem Namen, sondern einfach nur mit «Monitor 1».

In den 2000er-Jahren hatte sich Tschetschenien dem Kadyrow-Clan noch nicht vollständig unterworfen. Moskau unterstützte mehrere bewaffnete Clans gleichzeitig, die um die Macht kämpften oder ihre Unabhängigkeit verfochten: die Jamadajews, die Baisarows, die Kakijews und die Chassambekows. Das war ein blutrünstiger Haufen. Das Dorf Kurtschaloj gehörte zum Hoheitsgebiet von Chamsat Edelgirijew, dem Chef der örtlichen Polizei, der berüchtigt war für seine unglaubliche Brutalität. Es hiess, er habe keine Angst vor Ramsan Kadyrow. In den Bergen nahe dem Dorf Jalchoi-Mochk unterhielt er ein geheimes Privatgefängnis, in dem Entführte gefoltert wurden. Die Polizeistation von Kurtschaloj befand sich hundert Meter von Ojubs Haus entfernt. «Diese Polizeieinheit war eine der schlimmsten in ganz Tschetschenien», sagt Jelena Milaschina, eine Journalistin der *Nowaja Gaseta* [Neue Zeitung]. «Er riskierte damals jeden Tag sein Leben. Uns wurde bewusst, dass wir abends von der Arbeit nach Hause gingen, er aber in die Höhle des Löwen zurückkehrte.»

DAS DORF

In Gesprächen mit Verwandten und Nachbarn entdeckte ich eine Seite von Ojubs Leben, über die ich zuvor noch nichts gehört hatte: In Kurtschaloj und weit über die Dorfgrenzen hinaus wird er als Friedensrichter hoch geschätzt.

Zuallererst muss man verstehen, dass es in Tschetschenien zwei gesellschaftliche Sphären gibt. Es gibt eine äussere Sphäre - über sie wird im Fernsehen gesprochen - und eine dörfliche, die durch Clanzugehörigkeiten [Taip] und tschetschenisch-inguschetisches Brauchtum [Wajnach] definiert wird. Hier werden Bräute umworben und entführt, wird geheiratet und sich getrennt, geboren und gestorben, flammen Konflikte zwischen Familien auf und werden gelöst, hier wird fern aller Augen und Ohren Blutrache geübt und werden Friedensgerichte abgehalten.

Der wichtigste Faktor hier sind verwandtschaftliche Verbindungen. Es ist ein durch und durch öffentliches Leben, wenn es sich auch, in unserem Verständnis des Wortes, völlig unöffentlich präsentiert. Ein Konflikt, selbst wenn alle drumherum davon wissen, gilt als die private Angelegenheit zweier Familien. Niemand würde darüber in der Zeitung berichten. Aber jeder Tschetschene lebt, auf Gedeih und Verderb, in beiden Sphären, und jedes komplexe Ereignis lässt sich in diesen zwei Dimensionen interpretieren.

«Wenn beispielsweise jemand in einen Streit geraten war», erzählt ein Verwandter, «oder jemand einen Unfall verursacht hatte, bei dem der andere Fahrer starb, dann haben die Leute Ojub gerufen, wenn es um die Versöhnung ging. Wenn er kommt, um zu reden, können jene die Vergebung nicht verweigern, denn ein angesehener

Mann erbittet sie. Nicht nur Verwandte haben ihn gerufen, auch andere Dorfbewohner, Menschen aus Nachbardörfern, aus der ganzen Republik. Ich erinnere mich, dass sogar Leute aus Inguschetien zu ihm kamen.»

«Und womit kamen die Menschen zu ihm?»

«Keine Ahnung, das war doch eine Sache zwischen ihnen. Wenn ich zu ihm gegangen bin und ihm etwas erzählt habe, hat er das nie jemandem weitergesagt.»

«Es gibt Regeln der Scharia, des Korans», erklärt Jakub Titijew, «und es gibt das überlieferte Recht, die Adaten. So oder so muss Gerechtigkeit herrschen. Wenn die Menschen einen Weg suchen, um eine Sache still zu regeln, heisst es: ‹Kommt, gehen wir zu Ojub - oder zu Usman oder Magomed?› ‹Ja, gehen wir.› Es hat sich schon herumgesprochen, dass der oder der objektiv und ehrlich richtet. Am Anfang wird ein mündlicher Vertrag geschlossen: ‹Mein Urteil wird endgültig sein, beide Seiten müssen es akzeptieren. Wenn nicht, fange ich gar nicht erst an.› Egal was er entscheiden wird, ob du im Recht bist oder schuldig - es bleibt dabei, Punkt und aus. Du hast nicht das Recht, dich zu beschweren.»

Bei *Memorial* wusste man über diese Seite Ojubs nur wenig. Aber es lässt erahnen, woher Ojub so viele Kontakte hatte.

DIE DUNKLE SEITE

«Wenn ich in Tschetschenien ankam, setzten wir uns jeweils irgendwo hin, und er erzählte mir bis ins kleinste Detail, was hier gerade passierte», erzählt die Menschenrechtsaktivistin Jekaterina Sokirjanskaja. «Menschen wurden entführt, irgendwo in illegalen Gefängnissen festgehalten, gefoltert und schliesslich ermordet. Er hat Hunderte solcher Fälle bearbeitet, Hunderte menschliche Schicksale. Die Körper hat man entweder Gott weiss wo verbuddelt oder einfach irgendwo hingeworfen, wo sie jemand dann fand und auf irgendeinem Dorffriedhof begrub. Er forschte lange und gründlich nach, stellte Verbindungen her und fügte lose Enden zu einem Muster zusammen - und dann prüfte er und vergewisserte sich, bis das Bild vollständig war.»

«Ojub verstand, dass man die Ereignisse festhalten und dokumentieren musste, denn die Leute gingen weg. Sowohl die Verwandten als auch die lokalen Einwohner, die jene Körper gewaschen und begraben hatten. Noch erinnerten sie sich, wie die Leiche ausgesehen hatte, wie sie bekleidet gewesen war. Aber es war klar, dass diese Informationen bald für immer verloren sein würden», fährt Sokirjanskaja fort. «Man musste zu den Leuten rausfahren, meistens waren es Ehefrauen und Mütter, und ihre Aussagen aufnehmen. Diese Leute zu zwingen, sich noch einmal zu erinnern, ist psychisch sehr anstrengend. Und es war überraschend, wie viel die Menschen vergassen. Manchmal konnten selbst Mütter sich nicht mehr an die Augenfarbe ihrer Kinder erinnern, an welchem Tag es passiert war, in welchem Monat. Manches behielten sie sehr genau, und andere Details verschwanden vollständig. Wir verstanden, welche Menge an Information da verloren ging.»

Mit der Zeit stellte Ojub für *Memorial* eine einzigartige Datenbank zusammen, mit der man nicht nur die Vermissten suchen, sondern auch die Täter ermitteln konnte - auch Täter innerhalb des Militärs. Er musste alles Mögliche überprüfen: alte Gerichtsverfahren dieser Menschen, Daten der Staatsanwaltschaft, Anfragen von

Anwälten. Musste sie systematisieren, sämtliche Informationen über einen Verschollenen zusammenführen oder mehrere Fälle miteinander verbinden, denn oft verschwanden Menschen in Gruppen, zum Beispiel in der Nähe einer bestimmten Militärbasis. Laut *Memorial* wurden in Tschetschenien in den 2000er-Jahren drei- bis fünftausend Menschen durch Silowiki [die Sicherheitskräfte] entführt und ermordet.

DER EINSAME WOLF

«Als wir anfingen, mit ihm zusammenzuarbeiten», berichtet die Mitarbeiterin einer Menschenrechtsorganisation, «erzählten die Moskauer, dass er der Typ ‹einsamer Wolf› sei. Meine Tochter war Sekretärin und hatte sogar Angst, mit ihm an einem Tisch zu sitzen und zu Mittag zu essen, so ernst war er. Und er sagte mir selbst, er habe das Gefühl, dass man ihn nicht möge und ihm aus dem Weg gehe, weil er nicht besonders charmant sei.»

«Wenn du ihn dir so anschaust, wirkt er wie ein harter Kerl aus den Bergen», sagt eine *Memorial*-Mitarbeiterin. «Aber dann wird dir plötzlich klar, dass er – im Gegenteil – sehr emotional ist und versucht, das irgendwie zu verbergen. An ihm war nichts Grossspuriges, Machohaftes. Beispielsweise, wenn irgendwelche Feiertage anstanden, wo man den Mädels was schenkt. Menschen eine Freude zu machen war ihm sehr wichtig, aber es fiel ihm nicht leicht. Er bringt uns irgendwas mit und hat dabei so ein bescheidenes, kindliches Lächeln auf den Lippen: ‹Hier, greift zu.› Seine Gesten waren von einer rührenden Tollpatschigkeit.»

Ojub hat sehr nette Neffen, sie sind um die dreissig, Bauarbeiter. Beide sind Ojub ähnlich, aber auf unterschiedliche Art und Weise: Einer tschetschenisch-rau und reserviert, der andere, ganz im Gegenteil, offenherzig, sanft und zugänglich.

«Ojub hat nie mit mir geschimpft, wenn ich etwas angestellt hatte. Er hat niemals mit irgendjemandem geschimpft ...» Der offenherzige Neffe verbirgt sein Gesicht in der Armbeuge und weint.

«Wir haben einmal bei ihnen im Hof gearbeitet, haben Beton angemischt. Ojub war unten, ich schleppte die Eimer zu ihm, reichte sie ihm runter. Er hat da unten irgendwas gemacht, war vornübergebeugt, und Jusuf sagte zu ihm: ‹Wenn du jetzt den Eimer nicht nimmst, giesse ich ihn über dir aus ...› In dem Moment hat Ojub aufgeschaut, aber der Henkel ist gerissen, und er hat die ganze Ladung abbekommen, direkt ins Gesicht. Er hat kein Wort gesagt, hat sich den Beton aus den Augen gewischt und hat nur gelächelt. Wäre Jakub an seinem Platz gewesen, der hätte uns erschossen.»

«Er hatte mal seinen Wolga auseinandergenommen – Ersatzteile, Stossstange, Türen. Was ging, legte er aufs Dach, um die Teile später wieder zusammenzusetzen», erzählt ein Nachbar. «Eines Tages sitzt er zu Hause und hört, dass jemand auf dem Dach herumläuft. Er schaut aus dem Fenster und sieht einen Dieb. Ojub kannte ihn, der hatte auch einen Wolga. Er nahm alles mit, was er brauchte, und verschwand leise wieder. ‹Wie, du hast nichts gesagt?› ‹Nein, was soll ich ihm denn sagen?›»

«Die ganze Familie sass zusammen und sah fern. Da erinnerte sich Ojub, dass die Nachbarn keinen Fernseher hatten, sie lebten sehr ärmlich. Er schaltete den Fernseher ab, packte ihn ein und brachte ihn rüber.» «Seine Frau erzählte da mal was, ungefähr einen Monat vor seiner Verhaftung. Er kam nach Hause und sagte: ‹Haben wir noch Lebensmittel, Zwiebeln und Kartoffeln? Leg einen Vorrat an, diesen Monat gibt's kein Gehalt.› ‹Aber du hast es doch schon bekommen.› ‹Ja, ich hab's abgegeben, um den Armen zu helfen.› In den Bergregionen half er einfach allen. Die Nähmaschine hatte er auch weggegeben! Und seine Ehefrau machte das mit ...»

«Wenn Ojub irgendwohin unterwegs ist und an einer Beerdigung vorbeifährt, macht er da definitiv halt. ‹Weil auch du sterben musst›, das waren immer seine Worte.»

«Russen gegenüber ist er tolerant, aber mir fällt in seiner Gegenwart schon das Rauchen schwer», erzählt ein *Memorial*-Mitarbeiter. «Vom Trinken fange ich gar nicht erst an. Wir waren auf einem Seminar und ich hatte Geburtstag. Eine Kollegin sagte: ‹So, darauf stossen wir mit einem Wein an! Komm schon, was ist los? Gestern hast du doch auch getrunken.› Und ich sah es in Ojubs Augen: ‹Alkoholiker!›»

«Er hat sich selbst das Schweissen beigebracht», erzählt ein Nachbar von Ojub. «Er reparierte alles, für alle. Wenn im Dorf irgendwas passierte, ein Unfall oder irgendein Unglück, warf er alte Klamotten über, und los ging's. Man muss ihn nur anklingeln oder an sein Tor klopfen, selbst um drei Uhr morgens, ganz egal, er steht auf: ‹Wie kann ich helfen?› Als ich mein Haus gebaut habe, hat er mehr als ich gearbeitet.»

«Bei ihm gibt es kein Meins und Deins. Als wir in Gudermes arbeiteten, hatte er einen Shiguli, so einen roten. Wir alle fuhren ständig mit diesem Wagen. Er hat ihn nie jemandem verweigert. Einer kam, stellte das Auto ab – ich setzte mich hinein und fuhr los. Ich kam zurück, ein anderer fuhr los. Und einer der Verkehrspolizisten aus

Gudermes sagt: ‹Hör mal, jetzt sag mal ehrlich, wem gehört dieses Auto wirklich?›»

«Ich habe ihm mal ein italienisches Sakko geschenkt, das mir zu gross war. Er befingerte es. ‹Gute Qualität, wie viel hast du dafür gezahlt?› ‹Fünfundvierzigtausend.› ‹Was denn, bist du übergeschnappt?! Weshalb so viel Geld ausgeben? Du hättest es doch einem Armen geben können.›»

Sein Leben lang hat Ojub ernsthaft Sport betrieben. Nachbarn erzählten, dass sie vor ungefähr fünfzehn Jahren nachts an sein Tor klopften und ihm sagten, dass das Haus seines Bruders Jakub in Flammen stehe. Irgendwo war Gas ausgetreten. Ojub rannte los, um zu helfen. Aber er schaffte es nicht ans andere Ende des Dorfs, die Puste ging ihm aus. Von da an trainierte er täglich.

«Abends brauchte man Ojub nicht zu suchen, er war immer in der Sporthalle», erzählt ein Nachbar. «Jeden Tag, selbst wenn er von morgens bis abends geackert hatte. Er trainierte mit Hanteln, ungeachtet seines Alters. Ein herausragender Boxer war er immer schon gewesen. Es verging kein Tag, an dem er nicht acht Kilometer gejoggt ist. Und jeden Sonntag in Gudermes zwanzig Kilometer. Einmal hat er mit einem Freund gewettet. Ojub warf sich eine kugelsichere Weste über, achtzehn Kilogramm, und sie liefen zu zweit los. Sein Freund hielt keine vier Kilometer durch, aber Ojub lief hin und zurück, ohne einmal anzuhalten.»

Sport war für Ojub ein Teil seiner Ethik: Wollte er den Menschen helfen, musste er kräftig sein.

«Er schrieb uns einen Brief», erzählt ein Neffe, «ich habe ihn hier im Telefon: ‹Helft allen, sowohl Verwandten als auch Fremden. Ein Mann muss all jenen helfen, die in Schwierigkeiten stecken. Nicht immer werdet ihr die Möglichkeit dazu haben. Solange ihr jung und gesund seid: Helft euren Mitmenschen. Wo auch immer ihr gerade seid – helft!› Ich kann jetzt nicht alles ins Russische übersetzen, aber es ist ein sehr schöner Brief. Weiter schreibt er: ‹Und geht auf jeden Fall trainieren!›»

DIE BERGE

Als Ojub und ich einmal durch Tschetschenien fuhren, erzählte mir ein weiser Alter vom «Weg des Konach». Der Konach, was auf Tschetschenisch so viel wie Krieger oder Bewahrer bedeutet, ist die zentrale Figur der traditionellen tschetschenischen Ethik. Zunächst einmal hat er sich streng an alle traditionellen Verhaltensregeln zu halten. Es ist ein permanentes Training des Aushaltens und der Selbstbeherrschung.

Zweitens ist der Konach für die Schwächeren verantwortlich. Zuallererst muss er sich um seine Familie kümmern, aber in diese Familie kann er auch weitere Personen aufnehmen: Zum Beispiel kann er geloben, alle Nachbarn, Kinder, Frauen und einsame Alte zu verteidigen, und noch einiges mehr. Einige legendäre Konachen übernahmen die Verantwortung für ganze Dörfer oder Taips. Das bedeutete, dass jeder mit der Bitte um Hilfe zu ihnen kommen konnte – und der Konach musste für ihn einstehen, so wie er für seinen leiblichen Bruder einstehen würde. Die wichtigste Eigenschaft des Konach, erklärte der Alte, ist die Bescheidenheit. Du nimmst Verantwortung auf dich, aber stellst diese nicht zur Schau.

Der Konach konnte fremdes Blut auf sich nehmen, um stellvertretend zum Subjekt einer Blutfehde zu werden und dem Töten so ein Ende zu setzen. Die stärksten Konachen nahmen die Verantwortung für alle um sich herum auf sich – und schworen dann der Gewalt ab. Ein mächtiger Konach ist unbewaffnet, aber durch sein Verhalten rüttelt er das Gewissen der Täter wach. Ich habe nie mit Ojub darüber gesprochen, aber ich denke, dass er in ebendiesem Koordinatensystem lebte.

Einer seiner engsten Freunde sagte mir: «Wissen Sie, all diese Abreks, die jungen Helden aus den Märchen, die uns die Grossmütter erzählten, waren für ihn nicht bloss mythologische Gestalten. Für Ojub waren sie ganz einfach Vorbilder, denen er nacheiferte.»

2002 wurde Ojub zum ständigen Mitarbeiter von *Memorial* in Gudermes. Zusätzlich zum Monitoring von Morden und Entführungen stiessen er und seine Kollegen auch soziale Projekte an. Sie organisierten Kurse im Kampf gegen den Analphabetismus. Gemeinsam mit dem *Komitee für Zivile Zusammenarbeit* halfen sie den Kranken und Verletzten in den vom Krieg ruinierten Bergdörfern.

Das Gesundheitssystem war vollständig zerstört. Es gab weder Krankenhäuser noch Ärzte, aber eine riesige Zahl an kranken und verstümmelten Menschen. Zuerst mussten diese Menschen gefunden werden, denn die Bergbewohner hatten vergessen, dass es etwas wie ärztliche Hilfe überhaupt gab. Meine Schwester Aljona fuhr mit Ojub und Kollegen von *Zivile Zusammenarbeit* in die Bergregionen, sie befragten Einwohner, suchten nach Kranken, kauften Medikamente und transportierten Menschen zur Behandlung nach Grosny und Moskau.

«Diese Fahrten waren gefährlich», erzählte meine Schwester. «In den Bergen wurde weiter geschossen. Ich erinnere mich, als wir in einmal im Wedenski-Rajon am Haus der dortigen Krankenschwester ankamen. Unsere Ankunft hat sie so erschreckt, dass ich am liebsten direkt wieder gehen wollte. Ich hatte Angst, dass ihr etwas zustösst. Ihre Hände zitterten, sie kramte irgendwelche Heftchen und Krankenscheine hervor und sagte: ‹Nein, lassen Sie uns, lassen Sie, besser wir sterben hier, alle zusammen.› Aber das war eine gute Arbeit, wir konnten viele retten. Insgesamt halfen wir ungefähr achttausend Menschen.»

Beinahe alle Schulen in den Bergen waren zerstört oder beschädigt: Im Krieg hatten beide Seiten dort gerne ihre Stabsquartiere eingerichtet. Die Dorflehrer versuchten, mit allen ihnen zur Verfügung stehenden Mitteln zu improvisieren, hielten Unterricht in unbeheizten Klassenzimmern ab, heizten mit Kanonenöfen. Auf Öfen und elektrischen Kochplatten kochte man den Kindern Brei auf Wasserbasis oder aus der Milch der Kühe, die den Lehrern selbst gehörten. Ojub und Aljona pendelten zwischen den Bergen hin und her. Sie klärten ab, was unbedingt getan werden musste, sie sprachen mit Direktoren, Beamten, Einheimischen und Arbeitern. Ojub entwarf Finanzpläne und instruierte die Bauarbeiter. Das Prozedere war ihm bekannt, er hatte es ja selbst durchstehen müssen. Irgendwo musste ein Dach repariert werden, eine Sporthalle, oder es mussten Leitungen verlegt werden, woanders baute man eine Brücke über eine Schlucht und einen Schulweg.

Diese Reisen in die Berge waren gefährlich, jeden Moment konnte alles passieren. Regelmässig verschwanden Menschen oder wurden tot am Wegrand gefunden. Im April 2006 verliess der Fahrer des medizinischen Versorgungsprogrammes, Bulat Tschilajew, sein Haus in Sernowodski. An einer Strassensperre stoppten Milizen des tschetschenischen Bataillons *Sapad* [Westen] seinen Wagen. Sie zwängten Bulat in ihr Auto, seinen Beifahrer in den Kofferraum. Die beiden wurden nie wieder gesehen. Am wahrscheinlichsten ist, dass man sie direkt ermordet oder zu Tode gefoltert hat.

Viele Bergdörfer waren völlig verlassen. Den föderalen Truppen war das recht, denn so verloren die Milizen Essen und Unterschlupf. Die Soldaten sprengten die übrigen Häuser, damit die Leute nicht zurückkehrten. Die Bewohner eines Auls, eines kleinen Dorfes, baten um Hilfe beim Wiederaufbau ihrer Höfe. *Zivile Zusammenarbeit* kaufte einen Traktor für das Dorf, um die Wege auszubessern, und Vieh für einige Familien. Ojubs Leben war damals gänzlich ausgefüllt von all den Kühen, den Gazelle-Minibussen und Traktoren. Es scheint, als wäre das trotz all der Widrigkeiten eine glückliche Zeit für ihn gewesen.

In dieser alten tschetschenischen Welt, aus der er kam, konnte man seine Schuld bereinigen und die Welt zurück ins Gleichgewicht bringen. Wer jemanden tötete, der zahlte mit Blut oder mit Hilfeleistung und Demut, wie sein Vater. Ojub fühlte sich schuldig für den Tod seiner Schüler und empfand es als seine Pflicht, Dutzende andere Menschen zu retten, die unter den Folgen des Krieges litten. Er versuchte das Gleichgewicht wiederherzustellen in einer Welt, die vor seinen Augen zerbrach.

NATASCHA

Der zweite Wendepunkt in Ojubs Leben war der Tod Natascha Estemirowas, die ihn bei *Memorial* eingeführt hatte. «Ojub sass in Kurtschaloj und Gudermes, den schlimmsten Gebieten in dieser Zeit, arbeitete dort in aller Stille an gefährlichen Dingen», erzählt Tatjana Lokschina. «Ich erinnere mich, dass Natascha sich sehr um ihn sorgte. Wenn sie jemanden an ihn vermittelte, betonte sie, dass man auf keinen Fall seine Identität preisgeben durfte.»

Natascha war aus völlig anderem Holz geschnitzt und kam aus einer anderen Welt. Erst vor Kurzem habe ich bemerkt, dass sie etwas gemeinsam hatten: Beide waren Lehrer. Aber wahrscheinlich ist das zentrale Motiv von Ojubs Geschichte der Kontrapunkt ihrer beiden Charaktere.

Natascha war ein äusserst emotionaler und temperamentvoller Mensch. Zur Hälfte Russin, war sie in der Oblast Swerdlowsk aufgewachsen und hatte anschliessend im russischsprachigen Grosny gelebt. Schon vor dem Beginn des Ersten Tschetschenienkrieges hatte sie sich als Menschenrechtsaktivistin betätigt. Während des Zweiten kam sie dann zu *Memorial* und wurde zu einer grossen Unterstützerin von Anna Politkowskaja. Alle nannten sie Natascha.

«Natascha war eine durch und durch europäische Frau», sagt ihre Freundin Tatjana Lokschina. «Sie hatte den Gang und die Haltung einer Ballerina. Ungeachtet aller Geldnöte versuchte sie, sich stilvoll zu kleiden. Während irgendwelcher Dienstreisen ins Ausland kaufte sie sich von den letzten drei Kopeken wunderhübsche Schals. Tschetschenisch sprach sie schlecht und fühlte sich dort natürlich nicht ganz zu Hause.»

«Natascha war ein sehr ambitionierter Mensch mit starkem Antrieb», erzählt Lokschina. «Sie war sich der Gefahr vollkommen bewusst, aber sie konnte nicht aufhören. Sie fuhr an die riskantesten Orte, manchmal auf halsbrecherische Art und Weise. Ungerechtigkeit konnte sie beinahe physisch nicht ertragen. Und es war ihr sehr wichtig, aus erster Hand berichten zu können: ‹Ich habe es gesehen, ich war da, man hat es mir erzählt.› Schweigen war für sie wie ein Messer an der Kehle. Endlos wurde auf sie eingeredet: ‹Natascha, das sind sehr wichtige Informationen, aber bitte veröffentliche sie nicht unter deinem Namen. Du bist verrückt, du sitzt doch da mittendrin.›»

Ojub gab niemals Interviews, Natascha dagegen schon. Die Kollegen waren sehr wütend, aber Natascha war ein zutiefst öffentlicher Mensch, sie sah sich als Journalistin. Nach Anna Politkowskajas Tod wollte die *Nowaja Gaseta* ihre Arbeit in Tschetschenien fortsetzen und sie schlugen Natascha vor, unter Pseudonym eine regelmässige Kolumne zu schreiben.

«Ich erinnere mich gut, wie sie anderthalb Jahre vor ihrem Tod wieder zu mir nach Moskau kam, ganz aufgekratzt und glücklich. Während ihres Fluges aus Grosny hatte sich ein Mitarbeiter des tschetschenischen Presseministeriums zu ihr gesetzt und ganz arglos zu ihr gesagt: ‹Natascha, hör mal, es gibt da diese Kolumne, in der *Nowaja Gaseta* unter dem Namen Magomed Alijew. Ich erinnere mich an deine Texte im *Grosnenski Rabotschi* [Groznyer Arbeiter], die waren sehr ähnlich geschrieben. Sag mal, bist du das?› Und sie, anstatt sofort in Deckung zu gehen: ‹Na hör mal, wie kommst du denn darauf›, blüht sie auf und sagt mit einem breiten Lächeln: ‹Ach was? Du hast meinen Stil erkannt? Bin ich froh, dass ich gelesen werde.›»

Ein Jahr vor ihrem Tod stauchte Kadyrow sie zusammen. Das war nach ihrem grossen Interview bei REN TV darüber, dass Frauen gezwungen werden, Kopftücher zu tragen. In dieser Frage war Natascha empfindlich. In jenem Interview hatte sie erklärt, dass sie selbst Tschetschenin sei und dass sie, wenn sie bei Gedenkfeiern oder religiösen Leuten zu Gast sei, ihren Kopf natürlich auch bedecke. Aber niemand habe das Recht, eine Frau dazu zu zwingen.

«Kadyrow zitierte sie zu sich», erinnert sich Lokschina. «Er brüllte sie zusammen und drohte ihr. Sie kehrte leichenblass zurück. Mir scheint, dass Kadyrow sie für eine Russin hielt, die als Angestellte von *Memorial* hier arbeitete. Aber durch das Interview realisierte er, dass sie Tschetschenin war und dass er mit ihr machen konnte, was immer er wollte.»

Ich selbst habe nur einmal mit Natascha zu tun gehabt. Das war eine Woche vor ihrem Tod. Ich erinnere mich, dass sie sehr nervös war. Sie war damals mit Nachforschungen zu einer Erschiessung beschäftigt: Im Juli 2009 hatten Kadyrow-Milizen, die sogenannten Kadyrowzy, im Dorf Achkintschu-Borsoi öffentlich einen Bauern erschossen, weil er Rebellen einen Schafbock überlassen habe.

«Sie warfen ihn aus dem Auto, er war furchtbar verprügelt worden, war nur noch ein Klumpen Fleisch. Er konnte praktisch nicht mehr sprechen, er konnte schon überhaupt nichts mehr», erzählt Lokschina. «Sie erschossen ihn vor aller Augen und sagten, dass so mit jedem verfahren würde, der den Rebellen hilft. Es spiele keine Rolle, ob du ein Schaf oder einen Brotkrumen gibst. Sie finden es heraus, und die Strafe wird fürchterlich sein. Aber wenn dein Dorf am Waldrand liegt, und mitten in der Nacht klopfen bewaffnete Männer mit einem Maschinengewehr an die Tür und sagen: ‹Gib uns Brot!› – wie solltest du es ihnen nicht geben? Nun ja, seine Verwandten haben ihn in aller Eile begraben und eine Erklärung unterschrieben, dass er an einem Herzinfarkt gestorben sei. Wir hörten von dieser Geschichte ausgerechnet über Ojub. Wir fuhren ins Dorf und unterhielten uns mit den Leuten, und Natascha gab dem *Kawkaski Usel* [Kaukasischer Knoten, eine von *Memorial* gegründete Online-Publikation] ein Interview.»

Natascha nannte die Mitarbeiter der Polizeibehörde von Kurtschaloj, die die Erschiessung durchgeführt hatten, beim Namen. Bald darauf liess Ojub die Kollegen wissen, dass die Situation ausgesprochen gefährlich sei. Wegen mindestens dreier Fälle von Entführung, Mord und Folter, die Natascha in jenem Moment bearbeitete, waren die Kadyrowzy sehr wütend auf sie.

«Ich fuhr hin, um herauszufinden, was da gerade passiert», erzählt Swetlana Gannuschkina. «Natascha hatte furchtbare Angst, und wir entschieden, dass sie da rausmuss. Doch sie bat uns um eine Woche. Wir hätten sie zwingen müssen, direkt am nächsten Morgen abzufahren. Aber wir machten mit dem Innenministerium aus, dass sie nach Stawropol fahren würde, um da die Vermisstendatenbanken zu vernetzen, ihre und unsere. Und das war's. Natascha ging morgens aus dem Haus und bei dem Treffen mit den Beamten vom Innenministerium kam sie schon nicht mehr an.»

Das war der schrecklichste Morgen in der Geschichte von *Memorial* in Grosny.

«Wir fuhren los, um sie zu suchen, suchten die Gegend um ihr Zuhause ab», erinnert sich Sokirjanskaja. «Und ausgerechnet die einzige Zeugin hörte, wie ich mit den Sammeltaxi-Fahrern sprach. Sie nahm mich zur Seite: ‹Fragst du nach Natascha?› Sie erzählte mir alles, zeigte mir den Ort und stieg dann völlig verschreckt in einen Minibus.»

Sie hatten Natascha vor dem Haus abgefangen und sie in einen weissen Lada 2107 gezerrt. Sie konnte gerade noch schreien, dass man sie entführte. Am gleichen Tag fand man Nataschas Körper mit Kugeln in Brust und Kopf in einem Waldstück nahe des inguschetischen Dorfes Gasi-Jurt.

«Ojub konnte damit einfach nicht leben», sagt Lokschina. «Sie hatte ihn geschützt, für seine Deckung gesorgt. Und dann kam sie selbst um. Zurück blieb ein kleines Waisenmädchen.»

«Er wiederholte permanent: ‹Ich hätte an ihrer Stelle sein müssen›», erinnert sich meine Schwester. «Weil symbolische Phrasen absolut nicht seins waren, ist das wörtlich zu verstehen. Es gab einen konkreten Anlass. Sie wurde wegen Informationen ermordet, die er ans Licht gebracht hatte.»

EIN ANDERES TSCHETSCHENIEN

Grosny ist grossartig wiederaufgebaut worden. Es kann durchaus mit Moskau mithalten – nichts von wegen Regionalhauptstadt. Schöne Strassen, alles wie geleckt. Ich war vor zehn Jahren hier. Fast die ganze Stadt, ausser entlang der Hauptstrassen, bestand damals aus Ruinen. Es schien, als gäbe es in ganz Tschetschenien keine einzige Wand ohne Einschusslöcher. Heute kann man sich nicht mehr vorstellen, dass hier einmal Krieg war.

Wie Russland sieht es hier nicht aus. Die Architektur erinnert an Ankara oder Dubai, Frauen laufen in farbenfrohen Hidschabs herum. Die Polizisten und Soldaten paradieren in modischen Uniformen, die an die der NATO erinnern, und alle tragen die gleichen Seemannsbärte. Niemand auf der Strasse spricht Russisch, und russische Strassenschilder wirken ungewohnt vor dieser Kulisse.

Ich staune über die Energie, die ich in Tschetschenien bereits in den ersten Minuten, Worten, Intonationen spüre. Alles ist irgendwie gewaltig. Ein imponierendes Volk, das sieht man sofort. Die Männer sind alle riesig, kantig, muskulös, wie Trolle. Aber die Menschen sind höflich und entgegenkommend. Über den Putin-Prospekt, der in den Kadyrow-Prospekt übergeht, schlendern zwischen Wolkenkratzern Scharen russischer Touristen mit Reiseführern. Sofort fühlt man, dass sich etwas in der Atmosphäre verändert hat, und zwar nachhaltig. Es ist ein anderes Tschetschenien. Früher, zwischen den Ruinen, als um einen herum unaufhörlich Menschen verschwanden, liess es sich deutlich freier atmen.

«In den schlimmsten Momenten des Krieges konntest du in irgendein Dorf kommen, und sofort stürmten Leute auf dich zu, du wusstest nicht, wie dir geschieht», erzählt Lokschina. «Man hat dich quasi auseinandergerissen, egal wer du warst – Journalist, Menschenrechtsaktivist, aus Moskau, aus dem Ausland. Hauptsache ein Mensch aus einer anderen Welt, dem man etwas erzählen kann. Die Menschen hatten ein unglaubliches Bedürfnis zu reden. Und danach, innerhalb der letzten sechzehn Jahre, ist das alles vor unseren Augen kollabiert. Die Menschen redeten vorsichtiger und immer weniger. ‹Ich erzähle dir etwas, aber erwähne mich nirgendwo, nenne bitte nicht mal das Dorf. Ansonsten zählen die sofort eins und eins zusammen.› Später hiess es: ‹Hör mir zu, aber erzähle das niemandem weiter.› Irgendwann waren immer weniger Menschen bereit, überhaupt zu reden – nicht einmal, als ob sie in einen hohlen Baum sprechen würden.»

«Die Angst ist heute wesentlich grösser als damals, als die Soldaten in die Dörfer kamen und sich alle der Reihe nach geschnappt haben», sagt der *Memorial*-Mitarbeiter Oleg Orlow. «Ich weiss noch, wie wir Anfang der 2000er wegen der Säuberungen rausgefahren sind. Ojub und ich wunderten uns: ‹Was machen die da?!› Sie griffen sich die nächstbesten Männer raus, schafften sie in die Filtrationslager, verprügelten einen nach dem anderen und fragten dabei: ‹Wo ist Schamil Bassajew?› Woher soll denn ein einfacher Bauer wissen, wo Schamil Bassajew ist? Sie stellten die idiotischsten Fragen, allen dieselben. Uns kam es vor, als wären sie einfach nur dumm und unkreativ. Und erst später wurde uns klar, dass das eine ausgeklügelte Taktik, beziehungsweise Strategie war. Sie wussten, dass sie von diesen Leuten keinerlei Information bekommen würden. Es ging darum, sie zu brechen.»

«Der Wahrheitsgehalt von Informationen interessierte sie nicht einmal so sehr. Unter Folter schreist du irgendeinen Namen heraus: ‹Ja, ja, der ist ein Rebell!› In der Nacht holen sie diesen Menschen ab, er verschwindet, und du und deine Familie seid von da an ihre Geiseln. Sie sagen dir: ‹So, Kumpel, du bist doch derjenige, der ihn angeschwärzt hat. Wir können ihnen das stecken, dann fliesst nicht nur dein Blut, sondern auch das deiner Familie. Denk an deinen Sohn, an deinen Bruder, deine Neffen.› Auf diese Weise haben sie damals, am Anfang der 2000er, ein Netz von Informanten aufgebaut», erklärt Orlow. «Dann haben die Föderalen die illegitime Gewaltausübung an tschetschenische bewaffnete Gruppen übertragen und ihnen gleichzeitig dieses Informantennetzwerk übergeben. Und mit diesem Netz konnten sie Stück für Stück, Jahr für Jahr eine ungeheure Atmosphäre der Angst etablieren. Heute verschwinden bedeutend weniger Menschen, aber die Angst ist grösser als je zuvor. Jeder denkt, dass die Macht alles über ihn weiss.» Vor zehn Jahren war Tschetschenien buchstäblich gespickt mit russischen Militärbasen. Überall waren Checkpoints, BTR-Panzer, Stacheldraht, Sandsäcke und ausgeblichene Armeezelte. Jetzt ist all das wie vom Erdboden verschluckt. An ihrer Stelle wurden tschetschenische Bartträger herangekarrt, behangen mit teuren importierten Waffen, der Blick düster. Ramsan Kadyrow wiederholt gerne, dass er über eine starke Armee verfügt. Das ist keine leere Prahlerei: Unter seinem persönlichen Kommando stehen ungefähr 12 000 Silowiki. Formell dienen sie dem Innenministerium, aber sie führen ausschliesslich die Befehle Kadyrows und seines Umfeldes aus. Wie schlagkräftig diese Armee wirklich ist, lässt sich schwer sagen, aber das Volk ist angesichts ihrer starr vor Angst. Den Namen ihres Chefs sprachen meine Gesprächspartner lautlos aus, mit einer blossen Lippenbewegung.

BESESSENHEIT

Der damalige Chef von *Memorial*, Oleg Orlow, nannte Ramsan Kadyrow nach Estemirowas Tod einen Mörder. Allein diese Bezeichnung zu lesen war furchterregend. «Weshalb sollte Kadyrow eine Frau umbringen, die niemandem von Nutzen war? Sie hatte weder Ehre noch Würde noch Gewissen», erwiderte Ramsan [Anm. d. Red.: Ramsan Kadyrow spricht von sich oft in der dritten Person].

Weniger als einen Monat nach Nataschas Tod entführten Sicherheitsorgane zwei Freunde der *Memorial*-Leute, Sarema Sadulajewa und Alik Dschabrailow. Sie waren Mitarbeiter der Organisation *Wir retten eine Generation*, die Kindern und Jugendlichen half, die den Krieg überlebt hatten. Am nächsten Morgen fand man ihre Leichen mit Folterspuren im Kofferraum ihres Autos. Das

Büro von *Memorial* in Grosny wurde geschlossen, sein Leiter Schachman Akbulatow musste emigrieren.

Ojub beendete seine Ermittlungen zu den Morden ziemlich schnell. Wir sahen uns wenige Monate danach, und er kannte schon sämtliche Namen und Umstände. Aber die Untersuchungskommission hatte nicht vor, die Mörder zu suchen. Sie zu finden wäre nicht schwer gewesen: Natascha hatte mit ihren Entführern gekämpft, und unter ihren Fingernägeln waren DNA-Rückstände haften geblieben. Aber es war unrealistisch, die Moskauer Fahnder dazu zu bewegen, Proben bei den Kollegen in Kurtschaloj zu nehmen. Einer Spur zu folgen, die zu den Untergebenen von Kadyrow führen konnte, war ihnen verboten. Stattdessen versuchten die Fahnder, die Beweise zu fälschen und die Tat Rebellen unterzuschieben, die kurz nach Nataschas Tod getötet worden waren. Echte Ermittlungen konnte *Memorial* nicht erreichen, aber Ojub und seine Kollegen sammelten unumstössliche Beweise für die Hinfälligkeit der öffentlichen Version. Die Untersuchungskommission war ratlos, die Ermittlungen liefen ins Leere. Man untersucht den Fall bereits seit neun Jahren.

Keiner wusste, wie es weitergehen sollte. Die Arbeit von *Memorial* wiederaufzunehmen hiess, bewusst das Risiko von weiteren Opfern einzugehen. Aber die Kollegen in Grosny entschieden sich, weiterzumachen. «Ojub sagte, dass es in diesem Moment geradezu ein Verbrechen von unserer Seite wäre, die Arbeit einzustellen», erinnert sich Orlow. «Er sagte, dass wir es Natascha schuldig seien. Und wohin sollten all die Leute gehen? Sie wären völlig hilflos. ‹Wozu waren wir all die Jahre hier, wenn wir jetzt gehen?› Er setzte sich konsequent für die Offenhaltung des Büros ein, und schliesslich setzte er sich durch.»

Es stellte sich die Frage, wer die Leitung übernimmt. Niemand traute sich.

«Aber Ojub erklärte sich bereit, blieb dabei auch ganz ruhig», erinnert sich ein Kollege, «obwohl er es weit hatte von Kurtschaloj. ‹Was soll's, ich werde fahren.› Er kam morgens an, und abends fuhr er als einer der Letzten.»

«Ojub war schon früher äusserst motiviert, aber nach Nataschas Tod, glaube ich, wurde das zur Besessenheit», sagt Lokschina.

Es ist kaum vorstellbar, wie schwer es Ojub damals gehabt haben muss. Er hatte doch die ganze Zeit Vergebung erfleht, jahrelang Steintafeln graviert. Und dann war schliesslich ein Mensch aufgetaucht, der ihm half. Sie erfüllte sein Leben mit Sinn, lehrte ihn, etwas wahrhaft Wichtiges zu tun, womit er seine Schuld tilgen konnte. Er begann Natascha zu helfen, gab sich die grösste Mühe. Und sie brachten sie um.

PER ANHALTER DURCH TSCHETSCHENIEN

Nachdem ich mit Ojubs Freunden und Verwandten gesprochen hatte, bereitete ich mich auf die Abreise vor. Aber ich spürte, dass mir noch etwas fehlte: Ich hatte das echte Tschetschenien nicht gesehen, ausserhalb der Politik und des vorgegebenen Themas. Ich liess meinen Computer bei Freunden zurück, schnappte mir ein altes Nokia mit lokaler SIM-Karte, stellte mich an den Strassenrand und hob den Daumen.

Per Anhalter durch Tschetschenien zu reisen ist wunderbar. In den Dörfern, besonders in den Bergen, atmet man sofort freier. Die Menschen sind wesentlich entspannter, ohne die durchdringenden Blicke der Bärtigen, ohne diese trügerische, an Dubai erinnernde Atmosphäre und die teuren Karren, die gelangweilte Maskerade vermeintlicher Bergbewohner.

Man musterte mich mit freundlicher Verwunderung, denn Touristen kommen hier keine her. Meistens hielt man mich für einen Soldaten, der auf seine Basis zurückkehrt. Einige Male erntete ich schiefe Blicke, aber die überwiegende Mehrheit der Menschen nahm meine Ankunft sichtlich erfreut auf. Und dabei ging es nicht nur um die Gastfreundschaft. In den Blicken und dem Lächeln stand etwas geschrieben: «Siehst du, am Ende haben wir uns doch noch versöhnt.» So als wären wir noch in der Sowjetunion, als hätte es nie einen Krieg gegeben und die Menschen könnten einander einfach so besuchen.

Erzählst du über Tschetschenien, spürst du als Reporter schnell deine eigene Eindimensionalität. Du fängst an über Entführungen, Folter und Mord zu sprechen, und heraus kommt ein Horrorfilm über die Zeit des Tschetschenienkrieges. Und direkt neben dir gibt es eine schöne, moderne Stadt, in der alles wunderbar ist und in der normale Menschen leben. Wenn du über die Angst schreibst, lassen sich die hübschen Springbrunnen nur schwer unterbringen oder die Tatsache, dass sich die Menschen hier an der Ruhe erfreuen. Wenn du aber von den Springbrunnen, den Kaffeehäusern und der Wohltätigkeit Ramsans erzählst, vergisst man allzu schnell, dass sich hinter all dem menschenverachtende Sklaverei verbirgt.

«Bei uns im Dorf gibt's so einen Alleskönner, der verdiente sein Geld mit LKW-Reparaturen. Er baute kleine Häuschen, unterhielt einen Gemüsegarten und ein bisschen Vieh. Der Ort gefiel jemandem aus Zentaroj, dem Heimatort der Kadyrows. Er machte ein Kaufangebot, aber der Besitzer lehnte ab. Als er gerade nicht auf dem

Bauernhof war, kamen Kadyrows Leute an, zerlegten alle seine Maschinen, nahmen sie mit und versetzten sie als Altmetall. Im Anschluss boten sie ihm noch einmal an zu verkaufen – diesmal zu einem Drittel des Preises. Er sagt: ‹Nehmt den Hof doch einfach so, aber ich werde euch das niemals verzeihen.› Da kamen sie und schlugen ihn zusammen. Er hatte Glück, dass er am Leben blieb.»

«Es wurde entschieden, ein Einkaufszentrum im Dorf zu bauen. Dazu nahmen sie mir einfach mein Grundstück weg. Keinerlei Kompensation, was denkst du denn! Sie haben eine Abmachung mit der lokalen Führung, mehr brauchen sie nicht. Ja, vor welches Gericht denn?! Weisst du, diese Typen kommen an, sacken dich ein und schlagen dann das gesamte Gericht kurz und klein.»

«Sie haben das Krankenhaus renoviert, neue medizinische Geräte angeschafft. Den alten Chefarzt haben sie mit Schimpf und Schande weggejagt, einen neuen eingestellt. Kaum hatte der seine Arbeit aufgenommen, rief ihn der örtliche Polizeivorsteher an und sagte ihm, dass er innerhalb einer Woche achtzehn Millionen Rubel auftreiben und diese persönlich nach Chossi-Jurt bringen müsse. Er wollte sofort wieder kündigen, aber sie sagten ihm: ‹Erst zahlst du, dann kannst du machen, was du willst.› Er sammelte bei den Ärzten so viel Geld wie möglich ein, legte sein ganzes eigenes Vermögen obendrauf, lieh sich von Verwandten und Freunden und schaffte es irgendwie, die Summe zu bezahlen.

«Frauen mit grossen Taschen gehen in die Geschäfte und Kaffeehäuser, sie sammeln Geld für irgendwelche offiziellen Zwecke. Jede wird von zwei Polizisten begleitet, die ganze Strasse ist gesäumt von Polizeiautos. Sie lassen kein kommerzielles Lokal aus, sie kassieren je nach Umsatz, nach Augenmass. Einer zahlt zehntausend, der andere fünfzigtausend. Und wenn du dich weigerst, kommen als Nächstes die Feuerinspektion, der Konsumentenschutzverband, die Gesundheitsbehörde und sie graben alles Mögliche gegen dich aus ...»

«Ein Verwandter von mir ist ein hohes Tier in der Verwaltung. Ungefähr 60 Millionen Rubel [880 000 Euro] zahlen sie jedes Jahr an Chossi-Jurt, unser Bezirk ist klein. Alle zahlen: Institutionen, Organisationen, die regionalen Abteilungen aller Bezirksämter. Sie rechnen fiktive Pensionen ab, Kompensationen, halten Karteileichen in den Krankenhäusern, Schulen, Kindergärten.»

«Ende April 2018 kritisierte Kadyrow bei einer Sitzung das Wohnungs- und Versorgungsamt wegen zu laxen Eintreibens von Zahlungen bei der Bevölkerung. Das Volk zuckte zusammen: Jetzt geht's los. Buchstäblich am darauffolgenden Tag machten sich die Beamten auf, um die Schulden für die Gasversorgung einzutreiben. Ein, zwei Kontrolleure, ein Schweisser und Polizisten. Sie forderten die sofortige Begleichung irgendwelcher alter Rückstände, präsentierten fiktive Rechnungen. Egal was man für Unterlagen vorlegte, sie drehten sofort das Gas ab. Zahlte einer nicht, wurde das ganze Haus vom Netz genommen: ‹Bewegen Sie Ihren Nachbarn dazu zu zahlen, dann schalten wir wieder ein.› Und die Einschaltung erfolgte nur über das Bürgermeisteramt, entweder über einen Berg von Formularen oder durch Bestechung. Sie sagten, das Geld sei für den ‹Achmat-Tower› bestimmt.»

«Achmed hat irgendwelche Unterlagen fabriziert, dass sein Haus überschwemmt worden sei. Die zuständige Kommission, zusammen mit dem Amt für Katastrophenschutz und der Verwaltungsbehörde, hat ihm eine

Schadenssumme von einer Million Rubel zugesprochen. Davon hat er 700 000 der Verwaltung gegeben, 300 000 haben sie ihm auf die Hand ausgezahlt. Wäre das Haus tatsächlich überschwemmt worden, wäre es umgekehrt abgelaufen. So etwas passiert jedes Jahr dutzendfach, in der Regel sind es Erdrutsche ...»

Offen redet selbstverständlich niemand über all das. Aber wenn man ein Weilchen mit dem Fahrer gequatscht hat, irgendwo zum «Tee trinken» angehalten hat (das heisst: bis zum Erbrechen vollgestopft wurde) und zwischendurch eine unschuldige Frage à la «Für wie viel Geld kann man sich bei euch das Recht kaufen?» stellt, dann wird man mit grösster Wahrscheinlichkeit einige solcher Geschichten zu Ohren bekommen. Also alles wie in Russland? Tatsächlich ist die Situation hier eine andere. Es handelt sich nicht so sehr um die totale Korruption als um ein System der illegalen Besteuerung. Der Grossteil des Geldes verschwindet nicht in irgendwelchen Manteltaschen, sondern fliesst nach oben, in den Achmat-Kadyrow-Fonds, eine Nebenkasse des Regimes. Dieser Fonds ist alleine Ramsan unterstellt. Laut der Zeitung *Kommersant* [Der Geschäftsmann] existiert in der Datenbank des Justizministeriums keine einzige Abrechnung seit Gründung des Fonds, obwohl nicht-kommerzielle Organisationen laut Gesetz zu ihrer regelmässigen Bereitstellung verpflichtet sind. Zusätzlich verfügt der Fonds über gigantische Unternehmenswerte, ist Gründer der bedeutendsten Firmen von Grosny und kontrolliert, wie der *Kommersant* schreibt, den Grossteil des tschetschenischen Immobiliengeschäfts. Jeder Tschetschene tritt einen monatlichen Anteil seines Einkommens an den Fonds ab, zehn bis dreissig Prozent. Jedes Unternehmen, ob staatlich oder privat, muss dorthin eine gewisse Summe entrichten. Wie, das ist ihr Problem. Ramsan verteilt diese Gelder dann im Licht der Fernsehkameras als Almosen an Bedürftige, oder er staffiert seine Kämpfer damit aus.

Natürlich versickert davon auch etwas bei Mittelsmännern, sonst würde das System nicht funktionieren. Aber im Grossen und Ganzen ist es Zentaroj, das sich um die Zahlungsdisziplin kümmert. Jeder weiss, was ihm bei Ungehorsam droht. Im besten Falle wird man sofort entlassen, im schlimmsten kommen sie, sammeln dich ein, ketten dich an den Heizkörper und schlagen dich so lange, bis deine Verwandten alles bezahlt haben, was du ihnen schuldest, oder noch mehr. (Wie dieses System funktioniert, hat Jonathan Littell sehr klar und ausgewogen in seinem Buch *Tschetschenien. Jahr III* beschrieben. Ich empfehle es jedem.)

De facto gelten die Gesetze der Russischen Föderation in Tschetschenien nicht. Das heisst jedoch nicht, dass es gar kein Gesetz gibt. Es gibt eines, und das wird eisern angewandt: der Wille Ramsan Kadyrows. Die Unterordnung des nominalen Gesetzes unter das real existierende wird jeden Tag aufs Neue demonstriert, aber das vermutlich deutlichste Beispiel hat sich vor zwei Jahren ereignet: Kadyrow hatte dem von Moskau ernannten Vorstand des Obersten Gerichtshofes der Republik befohlen, in den Ruhestand zu treten. Aber der amtierende Gerichtspräsident Tachir Murdalow weigerte sich, den Befehl auszuführen. Die Angelegenheit endete damit, dass Lord (Magomed Daudow, die rechte Hand Ramsans) persönlich zum Obersten Gerichtshof fuhr und dessen Vorsitzenden öffentlich zusammenschlug. Es gibt eine inoffizielle Abmachung: Im Austausch für die formelle Anerkennung der russischen

Souveränität mischt sich Moskau nicht in die Regierungsangelegenheiten Tschetscheniens ein. Russland kann und will die hier begangenen Verbrechen nicht aufklären.

Andererseits ist die Gruppe, die die Macht an sich gerissen hat, zur Geisel ihres eigenen Sieges geworden. Was bedeuten Tausende Verschleppte, Gefolterte und Ermordete? Dass die Kadyrowzy Tausende Blutfehden haben. Das erlaubt es den Regierenden nicht, auch nur einen Moment Schwäche zu zeigen. Sie können sich nicht entspannen, Pfunde ansetzen oder ihre Kinder nach London schicken. Stattdessen müssen sie sich aneinander festklammern und in der Gesellschaft eine Atmosphäre der Angst aufrechterhalten, auf dass nicht auch nur ein Gedanke an Rache aufkomme. Sie können es sich nicht erlauben, die Macht abzugeben.

Dabei verstehen sie, dass Moskau sie nur so lange duldet, wie sie die Islamisten im Griff haben. Und solche Strömungen gibt es in Tschetschenien. Der staatliche Terror ruft sie selbst hervor und hält sie gleichzeitig davon ab, zu eskalieren. Das Resultat ist ein albtraumhafter Knoten, der sich immer fester zuzieht.

DIE VERWANDTEN

Ramsan Kadyrow hat mehrmals erklärt, wenn Jugendliche in den Bergen verschwänden, um sich den Separatisten anzuschliessen, dann müsse man ihre Familien dafür zur Verantwortung ziehen. Die tschetschenische Polizei ging methodisch dazu über, die Häuser von Verwandten der Rebellen niederzubrennen. Auf die Proteste der Menschenrechtsaktivisten antwortete Moskau nicht, und so weitete sich das Prinzip der kollektiven Verantwortung schon bald auf alle aus.

«Gott verhüte, dass man eine falsche Bewegung macht», sagt eine Bekannte. «Du sagst irgendetwas, setzt einen Like auf Facebook – und schon werden sie auf dich aufmerksam. Sie kommen gar nicht erst zu dir, sie suchen sofort deine Verwandten auf, kassieren sie ein, schlagen sie, sagen ihnen: ‹Wenn ihr ihn nicht aufhaltet, wird es noch schlimmer.› So etwas passiert ständig, aber niemand in Tschetschenien wird mit Ihnen darüber sprechen. Wäre ich jetzt dort, hätte ich auch nicht davon angefangen. Das Aufnahmegerät läuft, und ich denke die ganze Zeit: Wenn es nur nicht in die falschen Hände gerät. Wer ist sie, und wo sind ihre Verwandten?»

«Jeden Monat erreichen mich Dutzende Briefe aus Tschetschenien», erzählt Igor Kaljapin, der Leiter des *Komitees gegen Folter*. «Und jedes Mal wiederholt sich ein und dasselbe Gespräch: ‹Ihr Sohn ist seit vier Tagen verschwunden, wahrscheinlich wird er gefoltert. Beim nächsten Mal werden Sie ihn im Gerichtssaal sehen, wo er sich zur Vorbereitung eines Terroranschlags bekennt. Wir können Ihnen einen Anwalt aus Zentralrussland schicken, der innerhalb eines Tages herausfindet, wo Ihr Sohn steckt, und ein Treffen mit ihm erwirkt.› Aber die Leute wollen nicht. Sie haben Angst um andere Familienmitglieder. Warum sie mir schreiben, verstehe ich nicht.»

«Wir haben von jemandem eine Erklärung, eine Zeugenaussage», sagt eine andere *Memorial*-Kollegin von Ojub, «sogar auf Video festgehalten. Aber dann sagt dieser Mensch plötzlich: ‹Nein, ich habe denen das nur vorgelogen, ich habe gar nichts gesagt, die haben sich das alles ausgedacht, um den ehrlichen Namen von Ramsan Achmatowitsch Kadyrow zu besudeln.›»

«Weisst du, was für mich echt einschneidend war? Schon vor Ewigkeiten sind die Porträts aufgetaucht - Ramsan, Achmat, der ganze Kram. Zuerst in den Büros, das ist klar, dann in den Läden, was schon der zweite Schritt ist. Aber dann sind wir bei einem Bekannten zu Hause zu Gast, und bei ihm an der Wand hängt ein Porträt von Kadyrow», erinnert sich Lokschina. «Du kennst einen Menschen viele Jahre lang, seine Einstellung zu Ramsan Kadyrow ist dir ebenfalls wohlbekannt. Du schaust dir das Porträt an und fragst gar nicht erst. Aber er spricht es selbst an: ‹Du weisst, ich habe eine Familie, Kinder ...›»

«Das sind ja nicht irgendwelche Radikalen, es sind ganz gewöhnliche Frauen, in geschlossenen Gruppen, auf WhatsApp», erklärt Sokirjanskaja. «Sie schreiben nicht einmal: ‹Ramsan tut schreckliche Dinge›, sondern sie sagen: ‹Bei uns im Dorf funktioniert die Stromversorgung nicht, und die Beamten nehmen Schmiergeld.› Solche fischen sie raus, und dann müssen sie im Fernsehen öffentlich Busse tun. Oder Männer, die auch auf WhatsApp Witze reissen: ‹Solche wie Ramsan sollte man in Mekka nicht reinlassen› - sie finden sie, führen sie ab, einen haben sie umgebracht.»

«Vor ein paar Jahren gab es diese aufsehenerregende Geschichte im Dorf Kenchi», erzählt Lokschina. «Einer der Einwohner, Ramasan Dschalaldinow, hat eine Beschwerde an Putin geschrieben - Diebstahl, Erpressung, Betrug, das Übliche. Journalisten des Fernsehkanals *Doschd* [Regen] sind angereist, die Nachbarn haben die Beschwerden bestätigt. Danach sind die Silowiki ins Dorf gekommen, haben drei Nachbarn verhaftet, Ramasan selbst war mit seinen Söhnen in der Nacht geflohen, über die Berge nach Dagestan. Frau und Töchter hatte er zurückgelassen:

Der Weg über den Bergpass war beschwerlich, und er dachte, sie würden einer Frau und Kindern nichts antun ... Sie haben sie geholt, die Tür aufgebrochen, sie rausgezerrt, das Haus niedergebrannt. Die Frau und die älteste Tochter haben sie geschlagen, gewürgt, taten so, als würden sie sie erschiessen, sagten, sie würden sie und die Söhne töten. Die jüngeren Mädchen, zehn und zwölf Jahre alt, sind fast gestorben vor Angst, sie haben gehört, was mit der Mutter und der Schwester passiert, haben geheult. Man hat sie ins Auto gestossen – so, das war's, ihr habt keine Mutter mehr. Dann haben sie sie aus Tschetschenien weggejagt. Schliesslich hat sich das ganze Dorf bei Kadyrow entschuldigt, Ramasan hat sich persönlich entschuldigt – damit die Nachbarn freigelassen würden. Einen haben sie dann trotzdem vor Gericht verurteilt, wegen angeblichem Drogenbesitz. Es war offensichtlich, dass Ramsan völlig freie Hand hat: Mit den Tschetschenen kann er machen, was er will, Hauptsache, nach aussen ist es ruhig.»

Es ist schwer vorstellbar, wie tiefgreifend der Kadyrowsche Terror Tschetschenien verändert hat. Noch vor nicht allzu langer Zeit wusste jeder Tschetschene, dass er unter dem Schutz der Familie und des Taips stand. Und er selbst lebte nach den Interessen des Clans, hielt dessen Ehre hoch, war bereit, sein Fleisch und Blut zu verteidigen. Das war die Grundlage des Weltbilds, der Selbstachtung, des ganzen Lebens. Der Zusammenbruch dieser Ordnung war für Ojub eine Tragödie. Die fundamentalen Gesetze seines Universums verloren vor seinen Augen ihre Wirkung. Die Menschen begannen, an etwas anderes zu glauben. Ojubs Wahrheit wurde überall ersetzt durch hohe Minarette und funkelnde Jeeps.

In Grosny ist all das natürlich schwer zu bemerken. Wo der Blick auch hinfällt, er trifft nur auf Wohlstand aus Glas und Beton. Was fühlen die Menschen dort? Ich vermute, alles zugleich: Erniedrigung, Angst, Liebe zum grossen Bruder, Stolz auf seine Errungenschaften, Freude über ein Leben in Frieden.

«Wir sind doch auch nicht aus Stahl gemacht!», sagt eine Bekannte aus Grosny. «Auch wir wollen leben, uns irgendwie am Leben erfreuen, anstatt die ganze Zeit ans Überleben denken zu müssen. Soll doch herrschen, wer will, aber lasst uns einmal durchatmen.»

«Was soll man machen, wenn sich um einen herum alle mit den Geschehnissen abgefunden haben?», überlegt Tscherkassow. «Es hat sich gezeigt, dass auch das Sammeln von Informationen ein Weg ist, diesen Raum des Irrsinns mit Sinn zu füllen.»

HYPERVERANTWORTLICHKEIT

Nachdem er die Leitung von *Memorial* in Grosny übernommen hatte, veränderte Ojub die Arbeitsmethoden grundlegend. An erster Stelle stand ab sofort die Sicherheit. Keiner der Mitarbeiter veröffentlichte mehr unter seinem Namen, keiner gab mehr Interviews oder trat in der Öffentlichkeit auf. Sämtliche Informationen flossen ausschliesslich nach Moskau. Die Mehrheit der Journalisten, darunter auch ich, wusste gar nicht, dass *Memorial* seine Arbeit vor Ort fortsetzt. Naschas Ära war vorbei, und es begann die Ära Ojubs. Die jetzt vermutlich auch vorbei ist.

«Ojub machte seine Arbeit sehr leise, schweigend. Er wollte nicht mit dem Kopf durch die Wand», erklärt eine Mitarbeiterin von *Memorial*. «Er gab niemals Interviews.

Denn ein Journalist ist ein Mensch von ausserhalb, der die örtlichen Besonderheiten nicht kennt. Er tut, was er für richtig hält. Aus redlichen Absichten heraus denkt er, dass es am besten ist, zu publizieren. Aber tatsächlich kann die kleinste Information den Kadyrowzy von Nutzen sein: ‹Wir wussten nichts davon, aber schaut mal hier ...›»

«Ojub sagte auch uns niemals, woher er was hatte», sagt eine weitere Mitarbeiterin von *Memorial*. «Er sagte einfach: ‹Ich hab's raus.› Er telefonierte mit jemandem, sagte: ‹Wir müssen uns treffen›, und fuhr los. Und natürlich vertraute er elektronischen Geräten nicht.»

«Oft haben wir nicht einmal selber etwas publiziert, sondern nur formale Anfragen an verschiedene öffentliche Instanzen geschickt», fährt Orlow fort. «Und manchmal hat schon allein die Tatsache, dass wir wissen, dass der und der entführt worden ist, dort und dort festgehalten wird, zu einer Freilassung geführt. Diese Geschichte zum Beispiel haben sie vor Kurzem im tschetschenischen Fernsehen gebracht: ‹Seht, zwei junge Männer, die Verwandten haben sie gesucht, wussten nicht, wo sie sind. Dabei hatten sie bloss etwas über die Stränge geschlagen ...› Danach treten die Mütter auf: ‹Danke, danke, Ramsan Achmatowitsch, dass Sie unsere Söhne gefunden haben!› Und die Jungen stehen da, mit gesenkten Köpfen: ‹Ja, wir sind schuld ...› Danach haben die Verwandten natürlich sofort den Kontakt zu uns abgebrochen, und wir konnten nichts darüber schreiben. Da muss man auch keine Dankbarkeit erwarten. Ojub hat das sehr gut verstanden: ‹Das war's, Leute, wenn wir jemanden freibekommen haben, ist unsere Arbeit abgeschlossen.›»

Ojub war absolut frei von persönlichen Ambitionen. In der Welt der Berge, aus der er stammte, ist das Individuum nicht besonders wichtig. Der Mensch kümmert sich um das Überleben seiner Familie und versucht selbst so zu leben, wie es sein Vater und Grossvater getan haben. Für Ojub war es von höchster Bedeutung, ein echter Tschetschene und guter Muslim zu sein. Aber öffentliche Ambitionen lagen einfach ausserhalb seiner Begriffswelt. Auch er legte Wert auf die öffentliche Meinung, aber seine Öffentlichkeit war eine andere. Der Respekt der anderen Dorfbewohner hat ihn höchstwahrscheinlich sehr beschäftigt.

«Ojub achtete darauf, dass wir Mädels nicht alleine im Büro blieben», sagt eine Mitarbeiterin von *Memorial*. «Er ging immer als Letzter. Wenn er wegfuhr, sagte er den anderen: ‹Geht nicht, bevor die Mädels nicht weg sind.› Er hatte immer alles im Blick: Wenn sich jemand verspätete, rief er sofort an und fragte, was bei ihm los ist. Er hat auch eine Sicherheitsregel eingeführt: Wenn jemand unangekündigt lange ausblieb, begannen wir sofort mit den Anrufen.» «Er nannte sie immer ‹die Mädels›», sagt ein anderer Kollege, «als ob sie auf sich allein gestellte, kleine Kinder wären, auf die man aufpassen müsse.» Eine weitere Mitarbeiterin von *Memorial* erzählt: «Ich habe ihm einmal gestanden: ‹Ojub, du bist mein moralischer Orientierungspunkt.› Er hat nur gelächelt, er war ja nicht sehr gesprächig. Und ich weiter: ‹Falls mir etwas passieren sollte, haben meine Kinder ihren Vater, aber ich hoffe auch auf dich.› – ‹Oh›, sagte er da, ‹was hast du mir für eine Last auferlegt.›»

«Zu behaupten, dass die Menschenrechtsarbeit meine Berufung und Leidenschaft ist», schrieb Ojub vor Kurzem in einem Brief an Soja Swetowa, «wäre nicht die Wahrheit. Ich empfinde mich nicht als glücklichen Menschen, und meine Leidenschaft konnte ich nicht realisieren. Ich hätte gerne Kinder trainiert.»

DIE JAHRHUNDERTHOCHZEIT

«Es wurde praktisch unmöglich, ausserhalb unseres Umfeldes normal zu arbeiten – losfahren, mit Leuten sprechen –, die Grenzen wurden immer enger», sagt Sokirjanskaja. «Du hast Angst um die Menschen, denn sie werden Probleme bekommen, und deine Freunde haben Angst um dich. Ojub liess mich nicht mal im Büro allein, selbst aus dem Auto liess er mich nicht aussteigen. Sehr sanft und unaufdringlich. Man würde ihm ja aus Respekt nicht widersprechen.»

Im Januar 2015 verwüsteten bewaffnete Maskierte das Büro von *Memorial* in Gudermes. Viele Mitarbeiter verliessen *Memorial* und wechselten in andere Bereiche.

«S. sagte, dass er nicht gegangen sei, weil er um sich selbst Angst hatte», erzählt meine Schwester. «Aber *Memorial* könne einfach nicht mehr so arbeiten wie früher. Er müsse von Kritik an den Machthabern absehen, vor Kadyrow kuschen. Er hatte das Gefühl, dass es keinen Sinn hat weiterzumachen.»

«Ich dachte, vielleicht suche ich mir doch eine andere Arbeit? Eine, in der ich wirklich etwas bewirken kann. Früher hast du die Resultate deiner Arbeit gesehen», erzählt eine *Memorial*-Mitarbeiterin, «sie liessen jemanden frei, und man erreichte wenigstens ein bisschen Gerechtigkeit. Aber in der letzten Zeit kann man gar nichts mehr machen. Direkt neben unserem Büro hielten sie einen Wagen an, schnappten sich einen jungen Kerl und nahmen ihn mit. Du gehst zu den Verwandten, aber die Leute sind eingeschüchtert. Es ist ein Teufelskreis:

Es gibt einen Haufen Information, aber du kannst sie nicht verwenden.» Ojub hatte aus irgendeinem Grund niemals Zweifel. Und das, obwohl er all die Jahre am Abgrund entlangbalancierte.

«Tatsächlich wurde Ojub mehrmals gewarnt», sagt ein Kollege. «Sie griffen ihn auf und nahmen ihn mit auf die Polizeidienststelle. Ojub erzählte nie, womit sie ihn dort konkret bedrohten, aber ich kann es mir vorstellen: ‹Entweder hörst du auf, gegen uns zu agitieren, oder dich gibt's bald nicht mehr.› Er wusste ganz genau, dass sie Mörder sind, dass sie jeden Moment seine Kinder holen könnten. Und so hat er viele Jahre gelebt.»

«Ich hab's irgendwann aus ihm rausgekriegt, er hat's mir erzählt», sagt Sokirjanskaja. «Sie sagten ihm, dass sie ihn umbringen würden, keine Gespräche mehr, das sei das letzte Wort. Damals wollte er nicht darüber sprechen, er machte es nicht öffentlich. Selbst die Moskauer wussten davon nichts. Er hat nichts erzählt, weil er Angst hatte, dass man *Memorial* in Tschetschenien schliessen würde.»

«Es gab oft riskante Situationen», erzählt Jelena Milaschina. «Aber ich hielt mich immer an das folgende Prinzip: Wenn Ojub ‹Stopp› sagt, dann hören wir auf. Ausser in einem einzigen Fall, dieser verfluchten Jahrhunderthochzeit. 2015 kamen Verwandte von Luisa Goilabijewa aus dem Dorf Baitarki auf mich zu. Der Chef der örtlichen Polizeibehörde, Naschut Gutschigow, wollte ein 17-jähriges Mädchen zu seiner zweiten Frau machen. Er war dreimal so alt wie sie. Ihre Familie bat uns, darüber zu schreiben. Sie baten Kadyrow, einzuschreiten, denn er hatte Ehen mit Minderjährigen verboten. Ich schrieb, aber Ramsan Achmatowitsch reagierte mit ‹Leck mich am Arsch!›, und entschied, eine Show daraus zu machen: ‹Die Jahrhunderthochzeit›. Aber ich musste mit diesem Mädchen sprechen, deswegen fuhr ich hin.»

«Ojub war ja spezialisiert auf die Bergregionen, die man nur schwer erreichte. Ich ging zu ihm. Er sagte: ‹Du kannst da nicht hinfahren.› Ich sagte: ‹Ojub, ich verstehe, dass ich nicht sollte, aber ich werde zum ersten Mal nicht auf dich hören, weil ich muss.› Ich entschied über Dagestan zu fahren, weil es dort sicherer war und die Chance bestand, noch bei Tageslicht zurückzukehren. Morgens früh klingelte mein Telefon. Ojub stand schon am Posten zwischen Tschetschenien und Dagestan. ‹Ohne mich wirst du nicht fahren!›»

«Ihm war klar, dass ich in jedem Fall fahren würde, und er konnte mich nicht alleine gehen lassen. Ein zweites Mal das durchmachen, was mit Natascha passiert war, das konnte er nicht», fährt Milaschina fort. «Wir assen Fladenbrot und fuhren durch die wunderschöne Berglandschaft. Ojub hatte einen Plan. Na ja, und der erste Mensch, an den wir uns in Baitarki diesem Plan entsprechend wandten, verriet uns an Kadyrow. Das war uns nach buchstäblich zwei Sätzen klar. Trotzdem fuhren wir zu den Goilabijews. Luisa rannte vor uns weg, ihr Vater ebenfalls. Wir sprachen mit ihrer Schwester und fuhren zurück. Da bemerkten wir, dass wir verfolgt wurden. Wie wir in diesem Lada Kalina die Serpentinen entlanggejagt sind! Es regnet, wir nehmen eine Kurve nach der anderen, und da kommt ein Abhang und Erde rieselt in einem fort hinunter. Nun ja, eine ziemlich lustige Fahrt war das mit ihm ... Als wir in Grosny ankamen, war es bereits spät in der Nacht. Und Ojub bekam sofort Anrufe: Man warnte ihn, dass er unverzüglich aus Tschetschenien verschwinden müsse.»

Nach der Sache in Baitarki blinkte der rote Alarmknopf wie verrückt, Ramsan und Lord mussten schäumen vor Wut. *Memorial* brachte Ojubs Frau und Kinder umgehend aus Tschetschenien weg, nach Moskau und dann nach Schweden. Ojub verbrachte dort drei Monate mit ihnen und kehrte dann zurück. Ein Leben ausserhalb Tschetscheniens und seiner Arbeit konnte er sich nicht vorstellen. In die Einzelheiten seiner Arbeit weihte Ojub seine Familie nie ein.

«Wir dachten, er macht einen ganz normalen Beamtenjob», sagt seine Schwester. «Alles war so offiziell, die Organisation hatte einen guten Namen. *Memorial* arbeitet ja nicht nur in Tschetschenien, sondern überall. Deswegen waren wir nicht beunruhigt.»

«Die Familie war sich nicht bewusst, wie ernst die Lage war», erklärt ein Kollege. «Ansonsten wären sie natürlich nicht zurückgekehrt. Ich erinnere mich an diese Diskussionen. Ojub sagte ihnen ‹Nein, auf keinen Fall›, aber sie verstanden es nicht: ‹Du wohnst doch auch zu Hause. Das wollen wir auch!›»

Ein halbes Jahr später kehrten sie zurück. Sie liessen einfach alles stehen und liegen, flogen zu Ojub und pfiffen auf ihren europäischen Flüchtlingsstatus.

ZWEI KAPITÄNE

Dass die tschetschenische *Memorial*-Abteilung nach Nataschas Tod neun Jahre durchgehalten hat, ist ein echtes Wunder. Das hat zum Teil auch damit zu tun, dass 2010 an Ojubs Seite völlig unerwartet ein Mitkämpfer auftauchte.

Igor Kaljapin erinnert an eine Bulldogge – stämmig, ernst, furchtlos und mit eisernem Händedruck. Er hatte Physik studiert, wurde während der Perestroika aufgrund seiner Teilnahme an den Studentenprotesten aus der Universität ausgeschlossen und war in den 1990er-Jahren als Geschäftsmann in seiner Geburtsstadt Nischni Nowgorod tätig. Unter falschem Vorwand wurde er verhaftet, und man holte unter schwerer Folter ein Geständnis aus ihm heraus. Nach seiner Freilassung gründete Igor das *Komitee gegen Folter* und wurde als Menschenrechtsaktivist aktiv. Stück für Stück wurde das Komitee zur schlagkräftigsten Menschenrechtsorganisation Russlands, die folternde Polizisten und Gefängniswärter hinter Gitter brachte. Das Komitee ist für seine strafrechtlichen Ermittlungen auf einem sehr hohen, professionellen Niveau bekannt. Die Mitarbeiter kennen sich hervorragend in der Strafprozessordnung aus und sind in der Lage, sich wie Kletten an die Fersen der offiziellen Strafverfolger zu hängen und so zu verhindern, dass die die Ausübung ihrer Pflichten verweigern.

Als nach der Ermordung Estemirowas klar wurde, dass die tschetschenischen Menschenrechtsaktivisten in Tschetschenien unter Todesgefahr arbeiteten, traf Kaljapin die überraschende Entscheidung, *Memorial* zu Hilfe zu eilen.

«Wir wandten die Technik der freien mobilen Gruppen an», erzählt er. «Je drei Leute wechselten sich ab. Sie sassen einen Monat in Tschetschenien und wurden dann abgelöst. Wir kopierten die Arbeit des Ermittlungskomitees. Die machen sich niemals mit weniger als drei Leuten an einen Fall ran. Zwei arbeiten, der Dritte beobachtet aus der Ferne, hält den Sichtkontakt, und überall sind Geräte, die alles dokumentieren. In Tschetschenien wusste man, dass wir einen Haufen Spezialtechnik haben, und davor haben sie gezittert. Obwohl das natürlich auch nicht vor

Kugeln schützt. Alle grossen Fälle, die wir nach Estemirowas Ermordung übernommen haben, haben wir von Titijew bekommen. Orlow sagte einmal: ‹Wir haben da einen geheimen Mitarbeiter, der alle und alles kennt. Geh zu ihm ins Büro.› Wir haben uns getroffen, sind raus auf die Strasse, spazieren», erinnert sich Kaljapin. «Und sofort war das Vertrauen da, ohne grosse Worte. Ich sagte: ‹Wir sind bereit, unseren Traktor vor euren Karren zu spannen und mitzuziehen.› ‹Ich weiss nicht, wie unsere Leute reagieren werden.› ‹Rede mit ihnen in meiner Anwesenheit, sonst trauen sie sich nicht.› ‹Wo treffen wir uns – sollen sie nach Grosny kommen?› ‹Nein, sie werden sich fürchten.› ‹Dann lass uns einen Treffpunkt in der Nähe der Dörfer suchen.› Vom ersten Gespräch an stimmten unsere Einschätzungen einer Situation vollkommen überein.»

Ich glaube, Ojub erkannte in Kaljapin sofort den Profi. Das war natürlich nicht das Einzige, was sie verband. Sie sind sich überhaupt ähnlich. Beide sind sehr ernsthaft, mit runden Gesichtern, und verfügen über eine ungewöhnliche Mischung aus Pragmatismus und Idealismus. Kaljapin hängte sich hinter acht Fälle von Entführung und Mord durch die Kadyrowzy.

«Wir teilen das Risiko gerecht auf», sagt Kaljapin. «Jetzt nimmst du mehr Risiko auf dich, jetzt ich. Grob gesagt, haben wir die Löcher gebohrt, und *Memorial* hat die Gräben gebuddelt.»

Ermittlungen in den Fällen, die sich das *Komitee gegen Folter* vorgenommen hatte, gab es natürlich nie.

«Wir haben permanent aufgezeigt, dass das dort ein anderer Staat ist. Wir sagen, dass russische Gesetze in Tschetschenien nicht gelten, und erklären, wie das abläuft. Beispielsweise will ein Ermittler aus Moskau bei einer

Polizeistation vorbeischauen, in der man Leute, an die Heizkörper gefesselt, festhält. Der Wachhabende am Tor entsichert sein Gewehr und sagt: ‹Hau ab, oder ich mach dich fertig!› Dann holt der Ermittler Verstärkung aus Chankala, aber die russischen Sondereinheiten weigern sich einfach, aus den Bussen zu steigen. Sie haben Angst. Oder ein anderes Beispiel: Der Innenminister Alchanow ordnet auf unser Gesuch hin an, die Gefangenen freizulassen, und ein Mitarbeiter der Polizeibehörde sagt: ‹Ich pfeife auf die Anordnung von Alchanow, denn Alchanow ist ein einfacher General, aber ich bin ein Verwandter Ramsans!› Und immer wenn es um die Grössenordnung des Problems ging, trat Ojub auf den Plan: Er wusste, wie viele Menschen festgehalten werden, wie viele verschwunden sind, wie viele Fälle eröffnet worden waren etc.»

Trotzdem riskierten die Leute aus Nischni Nowgorod wahnsinnig viel. Man hätte sie jederzeit ohne die geringste Furcht vor Konsequenzen ausschalten können, einem spontanen Impuls folgend, denn niemand hätte nach den Mördern gesucht. Ich frage Kaljapin, weshalb er keine Angst hatte. «Weisst du, ich musste mich schon einige Male von meinem Leben verabschieden. Erst haben mich die Bullen gefoltert, dann haben mich Gangster gefoltert und aufgehängt. Ich weiss einfach, was man in solchen Momenten denkt. Und ich habe mich immer gefragt: Was ist so toll daran, in seinem Bett an einer Krankheit zu sterben? Was ist daran so toll, ich versteh's nicht. Und sich deswegen in die Hosen machen? Irgendwas Wichtiges nicht tun? Dass sie einen umbringen, das schreckt mich absolut nicht. Es sind die Schmerzen, die Folter, vor denen ich mich fürchte.»

Klar, das sind Igors Gedanken, aber mir scheint, sie treffen auch auf Ojub zu.

Die Arbeit des *Komitees gegen Folter* hatte einen zweiten, geheimen Effekt, über den nur wenige Bescheid wissen. Kaljapin veranstaltete einen derartigen Lärm, dass er die ganze Aufmerksamkeit der Machthaber auf sich lenkte, während Ojub seine Arbeit im Stillen fortsetzen konnte. Einzig die Anwesenheit des Komitees erlaubte es *Memorial*, so lange in Tschetschenien durchzuhalten. Unter Ojubs Leitung half *Memorial* mehr als zweitausend Menschen.

Die Aktivisten aus Nischni Nowgorod waren permanenter Überwachung ausgesetzt. Im Dezember 2014 zertrümmerten Bewaffnete das Büro des Komitees in Grosny und brannten es anschliessend nieder. Im Juni 2015 traten Maskierte die Tür ein und demolierten und plünderten das Büro erneut. Den Mitgliedern der mobilen Gruppe gelang es, aus dem Fenster zu flüchten. Im März 2016 wurde ein Bus des Komitees an der tschetschenisch-inguschetischen Grenze gestoppt. Ein maskierter Mob mit Baseballschlägern schleifte die Menschenrechtsaktivisten, Journalisten und den Fahrer unter «Allahu Akbar»-Rufen heraus, schlug alle, auch die Frauen, brutal zusammen und raubte sie aus. Den Bus übergossen sie mit Benzin und zündeten ihn an. Gleichzeitig wurde das Büro des Komitees in Inguschetien von einem Dutzend Menschen mit Maschinenpistolen zerstört und geplündert.

«In schwierigen Situationen reichte uns ein Blick, um einander zu verstehen», sagt Kaljapin. «Nachdem sie unseren Bus abgefackelt hatten, fuhr ich sofort nach Grosny, um bei *Memorial* nach dem Rechten zu sehen. Ich sagte: ‹Mädels, die U-Boot-Kapitäne müssen reden.› Ich ging zu Ojub und sah schon die Frage in seinem Blick: Dir ist doch klar, dass sie dich jede Minute holen können? Ich sagte: ‹Genau deswegen haue ich jetzt ab. Lass uns schnell reden.›» Noch am selben Abend überfielen sie Kaljapin. Es war offensichtlich, dass das Komitee seine Basis in Tschetschenien nicht länger würde halten können. Ojub war jetzt allein.

SALAM ALEIKUM

«Es gab Fälle», sagt eine Mitarbeiterin von *Memorial*, «da bemerkten wir, dass uns ein Auto verfolgt. Aber am zweiten Tag war das Auto nicht mehr da und am dritten auch nicht. Also massen wir dem nicht allzu grosse Bedeutung bei.»

«Es ist merkwürdig», sagt ein anderer Kollege von Ojub. «Man versteht alles, aber gleichzeitig kommt es einem so vor, als würde man selbst davonkommen, solange man sich an die Sicherheitsvorkehrungen hält. Um andere sorgt man sich natürlich, aber selbst kann man nicht die ganze Zeit mit dieser Angst leben. Man hört einfach auf, darüber nachzudenken, schliesst diese Option für sich aus. Das ist kein Ausweg, aber so läuft es eben.»

2016 startete die Kampagne gegen «Drogenabhängige». «Wer in der Republik Tschetschenien den Frieden stört, der wird zum Teufel gejagt. Ob mit oder ohne Gesetz, das hat keine Bedeutung ... Es wird geschossen! Habt ihr verstanden? Salam Aleikum, Problem gelöst. So sieht das Gesetz aus!», kündigte Kadyrow auf einer Versammlung für den Kampf gegen die Drogensucht an.

Die Polizei beeilte sich, seine Vorgaben in die Tat umzusetzen. Allein 2017 wurden laut Kadyrow eintausendfünfhundert Menschen verhaftet. Drogen hingen sie jedem an, der besoffen aufgegriffen wurde. Junge Männer wurden geschlagen und aufgefordert, Drogenbesitz zu gestehen, andernfalls würde man ihnen die Planung von Terroranschlägen oder die Mitgliedschaft in einer verbotenen paramilitärischen Organisation anhängen. Der Grossteil der Fälle war identisch. «Der Angeklagte hat mehrere Blätter eines wild wachsendes Cannabisstrauches abgeschnitten und sie getrocknet.» Absolut alle Beschuldigten legten ein Geständnis ab und wurden in einem «Spezialverfahren» verurteilt: Man brachte sie zum Gericht, wo das Urteil sofort verhängt wurde.

Auch in politischen Angelegenheiten waren Drogen zum Routinevorgehen geworden. Auf einer Sitzung in Urus-Martan sagte der erste Stellvertreter des Chefs des tschetschenischen Innenministeriums, Apti Alaudinow, Folgendes: «Wenn einer auch nur entfernt wie ein Wahhabit aussieht, dann heisst es bei mir: ‹Kassieren.›» – Der neue örtliche Polizeichef sass neben ihm. – »Wen man einsperren kann, den sperr ein. Wenn du jemandem etwas in die Tasche stecken kannst, dann steck ihm was in die Tasche. Mach, was du willst, und töte, wen du willst! Der Herrscher hat gesagt, ich soll ihm das so übermitteln. Ich schwöre auf Allah, ich unterstütze das!» Allgemein reden die Anführer der Republik auf Tschetschenisch äusserst offenherzig.

Im April 2016 wurde Schalaudi Gerijew entführt, ein tschetschenischer Korrespondent des *Kawkaski Usel*. Die Entführer zogen ihn aus einem Bus, schlugen ihm eins über den Schädel und drängten ihn in einen schwarzen Lada Priora. Sie fesselten ihm die Arme mit Draht und brachten ihn in einen Wald. Dort schlugen sie ihn, zogen ihm eine Plastiktüte über den Kopf und würgten ihn und drohten, ihn zu erschiessen. Sie sagten ihm, dass er nur dann aus dem Wald zurückkehren würde, wenn er Drogenbesitz gesteht. Ansonsten würde er verschwinden.

Im Untersuchungsgefängnis widerrief er sein Geständnis, aber selbstverständlich verurteilten sie ihn trotzdem. Er sitzt bis heute. (Vor ihm, im Jahr 2014, war nach dem gleichen Artikel der tschetschenische Dissident Ruslan Kutajew verurteilt worden. Er hatte es gewagt, entgegen der Anweisung Moskaus und Kadyrows des 23. Februars als siebzigsten Jahrestags der Deportation des tschetschenischen Volkes zu gedenken.)

Im Frühling und Sommer 2017 veröffentlichten Jelena Milaschina und Irina Gordijenko in der *Nowaja Gaseta* ihre berühmten Recherchen zur Januarerschiessung und zur Jagd auf Homosexuelle: In der Nacht auf den 26. Januar hatte es in Grosny auf einem Polizeirevier eine Massenerschiessung gegeben. Ohne Gerichtsurteil waren mindestens siebenundzwanzig (möglicherweise gar doppelt so viele) Menschen erschossen worden, die man des Wahhabismus verdächtigte. Die Verwandten der meisten Opfer unterschrieben ein Dokument: «Mein Sohn/Bruder hat die Republik Ende Februar verlassen, um in Moskau zu arbeiten. Es bestehen keinerlei Ansprüche gegen die tschetschenische Polizei.» Oder sie unterschrieben eine Erklärung, wonach ihr Sohn nach Syrien gegangen sei, um zu kämpfen. Ojub half den Journalisten, die Informationen zu überprüfen. Das war eine seiner letzten Untersuchungen.

Im Frühling begann in Tschetschenien die organisierte Ausmerzung von Homosexuellen. Hunderte Menschen wurden verhaftet, sehr viele gefoltert und ermordet. Die Angelegenheit wurde zu einem internationalen Skandal, sodass die föderale Menschenrechtsbeauftragte Tatjana Moskalkowa sogar eine Untersuchungskommission mit der Überprüfung beauftragte.

Ende des Jahres wurde Ramsan Kadyrow, nach Daudow und Anaudinow, auf die Magnitski-Liste gesetzt, «wegen der Beteiligung an verbrecherischen Gewalttaten, Folter und Menschenrechtsverletzungen». Im Anschluss daran wurde Kadyrows Instagram-Account blockiert. Es entbehrt nicht der Komik, dass ausgerechnet dies die heftigste Reaktion durch die tschetschenische Führung nach sich zog. «Kadyrow wurde nicht nur um sein liebstes Spielzeug gebracht. Das war auch sein persönliches Massenmedium mit einem Publikum von mehr als drei Millionen Abonnenten», erläutert Tscherkassow, der Leiter von *Memorial*.

Am 25. Dezember erklärte Magomed Daudow öffentlich, dass die Menschenrechtsaktivisten für die Abschaltung des Kadyrowschen Instagram-Accounts verantwortlich seien: «Wenn die Todesstrafe in Russland nicht verboten wäre, hiesse es für die Feinde des Volkes ‹Salam Aleikum›, und das war's.»

«Ich erinnere mich, wir waren mit dem Monitoring beschäftigt», erzählt eine Kollegin von Ojub. «Wir fuhren an irgendeiner Strasse vorbei, und plötzlich erzählte er mir die Einzelheiten eines Falles. ‹Du musst wissen, dass hier ein Mensch wohnt, der an diesem und diesem Verbrechen beteiligt war›, und er erwähnte irgendwelche Details. Anfangs hörte ich geistesabwesend zu, ich war müde, schlief beinahe ein. Aber dann dämmerte es mir: Er war permanent darauf vorbereitet, dass er bald nicht mehr da sein würde. Und ich dachte mir, dass ich nachfragen muss, ich hatte ja nicht alles gehört ...» Ojub konnte nicht aufhören. Er war schon alt, es war zu spät sich einzugestehen, dass nichts dabei herausgekommen war. Hinter ihm standen Menschen, um die er Angst hatte, aber er zog die Sache durch.

«Ich habe ihn im Scherz gefragt: ‹Ojub, du bist ja mittlerweile quasi in die Sporthalle eingezogen. Du gehst jeden Tag hin, nicht?›», sagt Lokschina. «Er antwortet ‹Ja› und fügt ganz ernst hinzu: ‹Wenn sie mich mitnehmen und foltern, glaube ich einfach, dass eine gute körperliche Verfassung hilft, das auszuhalten.› Er sagte das ohne einen Anflug von Ironie, ohne auf Mitgefühl aus zu sein, auch nicht auf Mitleid. Es war eine Feststellung.»

«Bei den Tschetschenen ist es wichtig, sich in Form zu halten», erklärt meine Schwester. «Wenn ein Mann einen Bauch hat, dann ist das unschicklich, man verliert den Respekt vor ihm. ‹Wie ein Kolchosbauer›, werden sie sagen. Ojub ist ja auch noch Sportlehrer. Aber er ist sechzig Jahre alt, und jeden Abend geht er in die Sporthalle ... Ich fragte mich, wofür. Wie sehr er sich auch aufpumpt, die Kräfte sind in keinem Fall gerecht verteilt. Die sind doch bewaffnet, jung und in der Überzahl. Aber dann erzählte einmal ein mir bekannter Lehrer von einem Dorfbewohner, den die Kadyrowzy in den Kofferraum eines Autos gezwängt hatten. Und Ojub hat gesagt: ‹Mich kriegen sie lebend nicht in einen Kofferraum.› Ihm ist es also wichtiger, die Demütigung zu verhindern, als den Tod. Auf diesen Fall bereitete sich Ojub vor.»

ZWEIHUNDERT GRAMM

«Er rief im Dezember 2017 an, es waren Winterferien, man hatte uns schon freigegeben», erinnert sich eine Kollegin von Ojub. «Er sagte mir: ‹Wirst du übers Wochenende in der Stadt sein? Geh beim Büro vorbei. Auf dem

Schrank liegen Pakete, nimm die mit.› Ich ging vorbei und sah, dass da Geschenke für meine Kinder lagen. Das war unser letztes Gespräch.»

Am 9. Januar, dem ersten Arbeitstag im Jahr 2018, verliess Ojub sein Haus, um sich mit einem Freund im Dorf Maitrup zu treffen. Der Freund wartete etwa eine Stunde auf ihn, dann rief er bei Ojub an, aber der nahm den Hörer nicht ab. Unverrichteter Dinge machte sich der Freund auf den Weg und fuhr Ojub entgegen.

Nach kurzer Zeit sah er Ojubs Lada Kalina am Strassenrand und daneben Polizeiautos vom Typ Niva und UAZ-Patriot sowie Männer in Camouflageuniformen mit Ärmelstreifen der Spezialeinheit GBR, einer schnellen Eingreiftruppe. Der Freund hielt an und stieg aus, aber Ojub gab ihm ein Zeichen, er solle weiterfahren. Er wollte niemanden mit reinziehen.

Der Freund fuhr weiter, wendete, aber Ojub gab ihm erneut ein Zeichen, nicht anzuhalten. Beim dritten Mal waren Ojub und die Polizisten verschwunden, aber der Freund hatte verstanden, dass sie nach Kurtschaloj gefahren waren. Auf dem Hof der Polizeistation sah er Ojubs Wagen. Man forderte Ojub auf, ein Geständnis bezüglich Drogenbesitzes zu unterzeichnen, und drohte ihm, dass man ansonsten seinen Sohn wegen Mitgliedschaft in einer kriminellen bewaffneten Organisation rankriegen würde. Ojub lehnte ab. Er sagte, dass die «gefundenen» Drogen ohne Zeugen keinerlei Beweiskraft hätten. Das hatten die Polizisten nicht erwartet, zumal doch sonst alle «Drogenabhängigen» das Schuldeingeständnis unterschrieben. Man fuhr Ojub zurück zur Strasse und inszenierte eine Festnahme durch eine Streife und die Beschlagnahmung von Drogen mit Zeugen. Die Kameras in der Polizeistation und in den Autos, die diesen ganzen Zirkus normalerweise hätten aufnehmen sollen, funktionierten natürlich nicht. Entlang des gesamten Weges, welchen die Polizeiwagen in Kurtschaloj zurücklegten, hatten gleichzeitig fünfzehn weitere Videoüberwachungssysteme «den Geist aufgegeben», darunter Kameras in Verwaltungsgebäuden und Banken. Ojubs versiegelter Wagen wurde auf dem Parkplatz der Polizeistation aufgebrochen und dessen Videoaufzeichnungen sowie Satellitennavigation gestohlen.

Nun galt es, ein Geständnis aus ihm herauszupressen. Aber das gelang ihnen nicht. Nachdem er Ojubs Auto erkannt hatte, rief sein Freund bei *Memorial* an. In Kurtschaloj machte sich ein Anwalt auf den Weg, aber man liess ihn nicht in die Polizeistation und behauptete, Ojub wäre nicht dort. Aber in Moskau hatten sie bereits Alarm geschlagen: Oleg Orlow war mit den Vertretern des Menschenrechtsrates, Michail Fedotow und Tatjana Moskalkowa, in Verbindung getreten. Am Abend desselben Tages musste der Chef der Polizeibehörde offenlegen, dass Ojub bei ihnen war und man ihn des Drogenbesitzes beschuldigte. In seinem Wagen hatte man angeblich zweihundert Gramm Marihuana gefunden.

Ramsan Kadyrow trat im tschetschenischen Fernsehen auf, nannte Titijew einen Drogensüchtigen und erklärte: «Sie [die Menschenrechtsaktivisten] sagen Dinge, die nicht stimmen, und selbst wenn es so wäre und er darüber redet oder seine kleinen Berichte schreibt, dann hat er sich dadurch gegen sein Volk gestellt. Er ist ein Feind unseres Volkes. Sie haben keine Heimat, keine Nation, keine Religion. Ich wundere mich wirklich über diesen Menschen, der für die arbeitet und gleichzeitig behauptet, dass er ein Tschetschene sei. Deswegen sage ich euch, wir werden die Wirbelsäulen unserer Feinde brechen.»

In der Nacht auf den 17. Januar zündeten Maskierte das Büro von *Memorial* in Nasran an. Am 19. Januar fand im Büro von Grosny eine Hausdurchsuchung statt, in deren Verlauf angeblich zwei Zigaretten mit Rauschgift gefunden wurden. Am 22. Januar wurde in Machatschkala ein Dienstwagen der dagestanischen *Memorial*-Abteilung angezündet, deren Mitarbeiter sich in Ojubs Fall eingeschaltet hatten. Eine SMS ging auf das Bürotelefon ein: «Euer Leben hängt am seidenen Faden. Macht den Laden dicht! Nächstes Mal verbrennen wir euch zusammen mit eurem Büro. Das Auto war eine Warnung.» Die Polizeibeamten zuckten mit den Schultern: «Nach wem sollen wir da suchen? Das sind doch Kadyrowzy.»

Als ich hörte, dass man Ojub Drogen untergejubelt hatte, war mein erster Gedanke: Gott sei Dank! Seinen Freunden war klar, dass es mit Ojub kein gutes Ende nehmen würde. Er hatte nicht vorgehabt zu verschwinden, und die einzige Alternative war der Tod.

«Ich denke, vielleicht hat Allah das alles so eingerichtet, damit das Büro geschlossen wird?», sagt eine seiner Kolleginnen. «Denn mittlerweile ist es ein Kampf gegen Windmühlen. Es ist schmerzhaft, sich das einzugestehen, aber der Kampf gegen sie ist sinnlos geworden, es werden nur noch mehr von unseren Leuten dahingerafft.»

«In diesem Moment empfanden wir alle etwas wie Dankbarkeit für das tschetschenische Innenministerium: Danke, dass er am Leben ist», schrieb Jelena Milaschina.

Ausser dem ihm untergeschobenen Paket wurde noch ein «Zeuge» namens Amadi Baschanow organisiert, der gesehen haben will, wie Ojub am helllichten Tag auf der

Strasse Cannabis rauchte. Aber vor der Zeugengegenüberstellung gab's eine Panne. Der Anwalt Pjotr Saikin bemerkte, dass Ojub zu leicht von den Komparsen zu unterscheiden war: Er trug Latschen, während alle anderen mit Stiefeln bestückt waren. Und er bestand darauf, dass dieses Detail verändert wird.

Milaschina beschrieb die Gegenüberstellung in der *Nowaja Gaseta* so: «Der Zeuge zeigte alle Anzeichen eines Drogenrausches. Die Pupillen waren riesig, sodass die Iris kaum noch zu sehen war. Er bewegte sich sehr langsam. Er schwankte leicht und reagierte überhaupt nicht auf den Ermittler. Bekleidet war der Zeuge mit einer sauteuren Lederjacke, die eindeutig jemand anderem gehörte, und gleichzeitig einer zerrissenen Hose und zerschlissenen Schuhen ohne Schnürsenkel. Seine Haare waren so fettig, dass sie, zusammengeklumpt, wie Eiszapfen herabhingen. Er stank so fürchterlich, als ob er sich wochenlang nicht gewaschen hätte. Es war klar, dass nur das Erscheinen der Kurtschalojer Verantwortlichen ihn wachrütteln konnte. Sobald er sie sah, zuckte der Zeuge zusammen und versuchte, sich in einer Ecke zu verkriechen. Der Ermittler stellte ihm mehrere Fragen, von denen er jedoch keine einzige beantwortete. Er kannte Ojub nicht, das war völlig offensichtlich. Er fixierte mit den Augen die Füsse der aufgestellten Verdächtigen, als würde er einen Anhaltspunkt suchen.» Der verärgerte Ermittler notierte im Protokoll zunächst den wahren Sachverhalt, dass der Zeuge Ojub nicht hatte erkennen können. Aber später erklärte er, dass er sich vertan hatte. Die Gegenüberstellung habe zur Identifizierung geführt, er hätte es lediglich falsch notiert. Auf den Anwalt Saikin setzte man demonstrativ einen Spitzel an und setzte sein Auto in Brand. Ojubs anderer Anwalt, Aslan Telchigow, war aufgrund von Drohungen gezwungen, aus Tschetschenien zu fliehen.

Drei Wochen nach Ojubs Verhaftung erklärte Kadyrow: «Wir haben im Nachhinein erfahren, dass sie sich verkauft hat. Sie hat das Image unseres Volkes vor dem Westen und Europa diskreditiert. Wir haben erkannt, was für ein Miststück sie war, als wir sie mit Drogen erwischt haben.» Ramsan sprach von Ojub in der weiblichen Form, so wie er es zuvor mit dem ermordeten schwulen Sänger Selim Bakajew getan hatte.

Ojubs Frau und Kinder flüchteten sofort nach seiner Verhaftung aus Tschetschenien. Aber im Mai erfüllte die Polizeibehörde von Kurtschaloj ihr Versprechen: Ein Neffe von Ojub wurde verhaftet. Man erhob Anklage gegen ihn wegen Drogenbesitzes.

DER PROZESS

Ojub sieht scheu aus hinter den Gitterstäben. Es scheint, als wäre es ihm ein bisschen unangenehm, dass alle nur seinetwegen hergekommen sind. In der Pause dränge ich mich zu seinem Käfig durch und sage, dass ich in einer Woche mehr Gutes über ihn gehört habe als jemals überhaupt über irgendjemanden. Ojubs Gesicht bleibt eine reglose Maske. Er ist offensichtlich verlegen.

«Für Ojub war ‹Drogenabhängiger› ein schlimmes Schimpfwort», sagt Lokschina. «Wenn er über tschetschenische Silowiki sprach, die besonders viel Dreck am Stecken hatten, presste er zwischen den Zähnen hindurch: ‹Drogenabhängiger.› Er konnte sich vermutlich nicht vorstellen, wie ein Mensch solche schrecklichen Dinge tun konnte, ohne dabei unter dem Einfluss irgendwelcher Substanzen zu stehen. Und dass nun ernsthaft jemand denken könnte, dass er selbst ein Junkie ist, ein Dealer, das muss für Ojub ungeheuerlich sein.»

In den ersten Reihen sitzen die Menschenrechtsaktivisten, in den hinteren Bauern aus Kurtschaloj, mit braunen Gesichtern unter ihren Tjubetejka-Kappen, Verwandte und Nachbarn von Ojub.

«Im Dorf glaubt kein Mensch, dass man Drogen bei ihm gefunden hat», erzählt ein Nachbar. «Das kann einfach nicht sein. Als wir in der Schule waren, schimpfte er selbst mit dem Direktor und der Schulleitung, weil die rauchten. Und den Typen, den sie im Fernsehen hingestellt haben, der angeblich ein Nachbar ist, der ihn verleumdet hat, den kennt im Dorf niemand. Wenn ihn jemand kennen würde, gäb's ihn längst nicht mehr, so wütend, wie alle waren.»

«In der Moschee bei uns versammelten sich fünftausend Menschen», sagt Jakub Titijew. «Jeder Einzelne von ihnen ist bereit, für Ojub auszusagen. Die ersten Tage gab es zu Hause keine Ruhe. Alle kamen vorbei, um ihr Beileid auszudrücken.»

«Er hat mir diese Gebetskette hier gegeben.» Ein Neffe zeigt mir eine lila Kette mit einer kleinen Quaste. Wie alles, was aus Ojubs Händen stammt, ist sie hervorragend gearbeitet. «Er hat sie im Gefängnis gemacht, aus Brot und Kaffee. Er schreibt immer: ‹Entschuldigt, dass all das wegen mir passiert, dass ihr im Gerichtssaal weint.› Meine Tante fragt immer: ‹Hast du gegessen? Geben sie dir genug zu essen?› Und er: ‹Mehr Fragen hast du nicht? Immer redest du übers Essen. Jetzt gerade ist mir nicht nach Essen zumute›, und einen Tag später schreibt er dann: ‹Entschuldige, meine Liebe, ich wollte dich nicht kränken.› Ich bin auch vorbeigegangen: ‹Ojub, sag mal, was kann man dir bringen?› Er sagt: ‹Bring mir eine Cola.› Ich wundere mich: ‹Du trinkst doch gar keine Cola?› ‹Die mit mir in der Zelle sitzen aber schon.›»

«Er hat im Traum seinen älteren Bruder gesehen, der verstorben ist», sagt der Neffe, «und er sagte uns: ‹Ich habe meinen Bruder im Traum gesehen, er hat mich um Geld gebeten. Ist mein Gehalt eingetroffen? Verteilt es an die Armen.› Selbst jetzt will er noch allen helfen.»

Das Gericht befragt einen Zeugen nach dem anderen. Achtundzwanzig Mitarbeiter der Polizeibehörde von Kurtschaloj, die sich an nichts erinnern.

«Mit welchen Autos gehen Sie auf Streife?»

«Weiss ich nicht mehr.»

«Welche Farbe hat Ihre Uniform?»

«Weiss ich nicht mehr.»

«Wie lautet Ihr Kennzeichen?»

«Weiss ich nicht mehr.»

«Die Verteidigung versucht, die Zeugen zu veralbern!», entrüstet sich der Staatsanwalt. «Ich beantrage, das im Protokoll festzuhalten!»

Autos der Marke Lada Niva oder UAZ-Patriot scheint es auf der Polizeistation nie gegeben zu haben. Grüne Camouflageuniformen mit einem aufgenähten GBR hat keiner je getragen oder gesehen.

«Aber hier ist ein Foto von Ihnen auf Instagram, in genauso einer Uniform.»

«Jaaa ... zu Hause habe ich so eine, ich trage sie zu Hause.»

«Was bedeutet GBR?»

«Weiss ich nicht.»

Als die Reihe an denen ist, die unmittelbar am Unterschieben der Drogen beteiligt waren, ändert sich das Verhalten. Die Polizisten antworten aggressiv, viele lachen hinter vorgehaltener Hand. Nurid Salamow, der ehemalige zuständige Ermittler, der nach der Panne bei der Gegenüberstellung abgesetzt wurde, findet alles zum Lachen komisch: die Frage des Anwalts, welches Datum auf dem Schild stand, mit dem er Ojubs Wagen versiegelt hat, die Frage, ob Titijew Waffen bei sich hatte, der Versuch zu klären, welche Untersuchungen er durchgeführt hat.

«Ich bin nicht dazu verpflichtet, das zu wissen. Ich erinnere mich nicht, was ich da überprüft habe, es gab viele Untersuchungen. Meinen Sie», lacht er, «dass ich nur eine Sache auf dem Tisch habe?»

Von dem bei Ojub «gefundenen» Päckchen mit Marihuana nahm Salamow nicht einmal Fingerabdrücke.

Es ist ein endloses Ping-Pong, Variationen ein und desselben Dialoges. Anwalt: «Du kannst ja nicht einmal richtig lügen!» Zeuge: «Und du wirst so oder so nichts rausfinden, leck mich!»

«Bist du gläubig?», fragt plötzlich Ojub den Ermittler.

«Ja ...»

«Und welchen Glauben hast du?»

«Wie jetzt?», antwortetet Salamow. «Islam, natürlich.»

«Es kann ja sein, dass es einen Glauben gibt, der einem das Lügen erlaubt. Aber im Islam ist das eine Sünde. Wenn man dir einen Fall übergibt, hast du, als gläubiger Muslim, was zu tun – die Wahrheit herauszufinden oder meine Schuld zu beweisen?»

«Die Wahrheit herauszufinden ...», antwortet Salamow sehr leise.

«Und was hast du getan?»

«Angeklagter, Frage abgelehnt. Wir sind hier nicht in einem Scharia-Gericht!»

Am 22. August trat Ramsan Kadyrow vor tschetschenischen Polizisten auf. «Käuflicher Abschaum aus allen Ecken der Welt, aus dem ganzen Land kommt zu diesem Prozess. Als ob es bei uns in Russland oder in der Welt keine anderen Probleme gäbe ausser diesen einen Drogenabhängigen», sagte er. «Meine Rechte verteidigen sie nicht! Mich haben sie illegal auf die Sanktionsliste gesetzt, ohne jeden Grund meine Accounts blockiert. Sogar die Pferde haben sie mir weggenommen, ich kann sie nicht zurück nach Hause holen! Wenn ich nicht das Recht haben soll, nach Europa oder in den Westen zu reisen, sage ich: Menschenrechtsaktivisten haben nicht das Recht, sich auf meinem Territorium zu bewegen!»

Wie ist Ojub zu dem geworden, der er ist? Wahrscheinlich tat ihm einfach die Mutter leid. Sein Leben lang hat er versucht, das Richtige zu tun. Die Welt war anders, als es ihn die Grosseltern gelehrt hatten. Sie hatten gesagt, wenn man wie einer der Helden aus den Märchen ist, dann rettet man alle. Aber es hat nicht funktioniert. Die Schüler, die er geliebt hat, sind gestorben, Natascha ist gestorben, die Sache, der er sein Leben gewidmet hat, ist zerstört. Und ihn haben sie in einen Käfig gesperrt und stellen ihn im Fernsehen als Drogendealer dar.

«Geh heute so, Ojub. Setz dich einfach hin, und niemand wird etwas merken.»

KOMSOMOLSKOJE

Nach der Verhandlung sitzen wir mit den Leuten von *Memorial* im Café Central Park, benannt nach der Serie *Friends*, auf dem Putin-Prospekt. An den Wänden hängen alte Fotos von New York, zwischen den Stühlen laufen hübsche Kellnerinnen in Hidschabs hin und her. Hier erreicht Tscherkassow eine Nachricht. «Es heisst, dass sie in Komsomolskoje auf der Polizeistation einen Jungen umgebracht haben. Wir haben den Namen und die Telefonnummer des Vaters.» «Na dann, los geht's», sagt eine *Memorial*-Mitarbeiterin.

Wir schliessen uns mit dem Moskauer Büro kurz.

«Ruft jetzt nicht an, das Telefon des Vaters wird mit Sicherheit abgehört. Fahrt ins Dorf, ruft von dort an, fragt nach der Adresse und lauft sofort hin.»

«Und wenn wir niemanden erreichen?»

«Dann könnt ihr einfach hinfahren und nach der Adresse fragen. In diesem Moment gehen alle vorbei, um ihr Beileid zu bekunden. Wenn ihr euch entsprechend kleidet, werdet ihr keine Aufmerksamkeit auf euch ziehen.»

Die Mädels ziehen sich Kopftücher und Kleider an. Beide sind Russinnen, das ist erkennbar, aber was soll's, auch unter Tschetscheninnen gibt es Unterschiede im Aussehen. Nur die Hipsterschuhe verraten ihre Trägerinnen auf hundert Meter Entfernung.

«Fahren wir mit *Delimobil?*»

Es stellt sich heraus, dass es in Grosny Carsharing gibt. Alles wie in Europa. Wir kommen in Komsomolskoje an. Die Situation ist schlimm. Wir rufen an, aber niemand nimmt ab. Wir treffen eine Gruppe alter Männer, die vor einem Haus sitzen, und fragen, wo der Vater des Getöteten lebt. Sie starren uns verwundert an, aber erklären uns den Weg sehr genau. Unterwegs erfahre ich mehr über die Umstände: Die Polizei suchte den Mann, und da er wusste, was ihm bevorstand, hat er sich versteckt. Aber sein Vater glaubte, dass sich die Sache klären und sie den Sohn wieder laufen lassen würden, und brachte ihn persönlich zur Polizeistation. Einen Tag später brachten sie ihm die Leiche mit Folterspuren zurück. Und sie nahmen gleich einen Mann aus der Nachbarschaft mit.

Das Dorf ist hervorragend wiederaufgebaut worden. Strasse, Zäune, Tore, und im Kontrast dazu die angespannten Blicke der Jugend aus der Nachbarschaft. Der Vater ist nicht da, sie haben ihn vor drei Stunden aufs Revier geholt. Im Hof steht die Mutter, eine betagte Bäuerin mit gräulichem Gesicht. Höflich, leblos bedankt sie sich für die Beileidsbekundungen, dann sinkt sie auf eine kleine Bank nieder. Zum Stehen fehlt ihr die Kraft. Den Ermordeten hat man gestern bestattet, ohne Totenmahlzeit, wie es die Kadyrowzy befohlen haben, damit die Leute die Folterspuren nicht sehen und es keinen Skandal gibt. Aus der sommerlichen Küche lugt die Witwe hervor, ein ganz junges Mädchen. Sie kocht etwas, das Gesicht versteinert, kreidebleich. Ihr restliches Leben wird sie entweder alleine mit zwei Kindern verbringen müssen oder erneut heiraten, dafür aber die Kinder verlieren. Der Vater erscheint. Man hat ihn aus dem Polizeirevier entlassen, wo man ihm erklärt hat, wie er sich zu verhalten habe. Ein durchschnittlicher Dorfbewohner, mit schleppendem, etwas unsicherem Gang. Wir erklären, wer wir sind.

«Ich danke Ihnen, danke. Alles gut, hier war nichts.»

«Aber Ihr Sohn ist tot?»

«Stimmt, ist tot.»

«Weshalb?»

«Na ja, einfach so ... hat aufgehört zu atmen.»

Nachdem ich diese Reportage beendet hatte, habe ich sie Ojub ins Gefängnis geschickt. Als Antwort erhielt ich einen Brief. Er handelte fast ausschliesslich von seinen verstorbenen Schülern. Nach dreiundzwanzig Jahren dachte er immer noch an sie:

«Sie sind nicht mit mir gegangen, wir sind uns gar nicht über den Weg gelaufen. So ein Idiot aus unserem Dorf hat sie mitgenommen. Jeder dieser Jungs hätte ablehnen können, und man hätte es keinem von ihnen zum Vorwurf gemacht. Überhaupt hatte damals niemand das Recht, jemand anderem Befehle zu erteilen. Alles war freiwillig. Die Gruppen haben sich selbstständig auf den Weg gemacht und Widerstand geleistet, wo sie konnten.

Ich wusste, dass sie aufgebrochen waren, aber nicht, wohin. Man teilte sie auf einem leeren Ackerfeld ein, und sie alle trafen die Entscheidung zu sterben. Meine Schuld liegt darin, dass ich ihnen nicht gefolgt bin, nicht bei ihnen war, sondern alles dem Zufall überlassen habe. Wenn ich bei ihnen gewesen wäre, hätte ich sie da ohne Widerstand rausgeholt. Neunzehn Menschen sind dort gestorben, die meisten ehemalige Schüler von mir, und drei Cousins und ein Neffe, den ich mit grossgezogen habe. Am vierten Tag gelang es uns, elf Leichen da rauszuholen. Ich habe sie aufgesammelt, einige in Einzelteilen. Das ist schwer aus dem Gedächtnis zu streichen. Ich würde viel dafür geben, in diesem Moment dort an der Seite des Neffen und der anderen gewesen zu sein, ihr Los zu teilen, um nicht sehen zu müssen, was aus Tschetschenien geworden ist.»

Aus dem Russischen von Dario Planert und
Isabelle Vonlanthen

JURY-STATEMENT

«Die Geschichte des tschetschenischen Menschenrechtsaktivisten Oyub Titiyev, einem vormaligen Lehrer und Boxtrainer, hat die Jury bewegt und beeindruckt. Es ist die Geschichte eines Mannes, der versucht, den unter der autoritären Herrschaft des despotischen Ramsan Kadyrow unterdrückten Menschen im Kaukasusstaat zu helfen. Die Erzählung zeigt uns die beunruhigende Realität unter der Oberfläche der Nachkriegszeit und liefert ein faszinierendes Porträt von einem Mann, der durch seinen waghalsigen Mut besticht und schliesslich aufgrund gefälschter Beweise im Gefängnis landet. Burtin hat auch etwas mit seinem Protagonisten Titiyev gemeinsam – nämlich den Mut; um diese Reportage überhaupt zu schreiben. Er hat für uns Licht auf einen vom Terror verdunkelten Ort geworfen, der am Rande der internationalen Medienaufmerksamkeit liegt, und ihn für uns unvergesslich gemacht.»

SHURA BURTIN

Shura Burtin, 48, landete nach einem Biologie-Studium eher zufällig beim Journalismus. Er begann als Reporter 1993 bei «Moskowskij Nowosti», während einer Blütezeit demokratischer Zeitungen in Russland. Doch schon bald verabschiedete er sich von der Branche, die ihm zunehmend als verlogen erschien. Verlagsmanager übernahmen das Ruder und erklärten den Journalisten, dass die Leser Texte über 5000 Zeichen nicht verstünden. Erst 2008 kehrte mit der Gründung des Magazins «Russischer Reporter» sein Feuer für die Reportage zurück. Das schönste an seinem Beruf sei, dass man ungefragt in das Leben anderer Menschen eintreten könne, und dabei erst noch willkommen geheissen werde. *Monitor 1* führte mit dazu, dass Ojub Titijew im Sommer 2019 freigelassen wurde. Burtins Frau ist Dokumentarfilmerin, gemeinsam haben sie vier Kinder.

TRUE STORY AWARD 2019

2. PREIS MARK ARAX

EIN KÖNIGREICH AUS STAUB

Stewart Resnick ist der grösste Farmer in den Vereinigten Staaten. Eine Tatsache, die er geheim zu halten versucht, während er unser Essen prägt, die kalifornische Landschaft verwandelt und ganze Städte regiert.

1. DER LANDBARON

Ein Sommertag im San Joaquin Valley, achtunddreissig Grad im Schatten, ich biege hinter der Ausfahrt Fresno Stadtzentrum auf den Highway 99 ein und steuere durch die flimmernde Hitze. Mein Ziel ist der äusserste Süden des Tals, ein kleines Landarbeiterstädtchen in einem entlegenen Winkel von Kern County namens Lost Hills. Dies ist der Ort, wo der grösste Bewässerungsfarmer der Welt - derjenige, dessen irrsinnige Zucht von Mandeln und Pistazien Kaliforniens Nussrausch ausgelöst hat - immer weiter anbaut, unbeirrt von Dürre oder Flut. Er lebt nicht in Lost Hills. Er lebt in Beverly Hills. Wie ist es ihm gelungen, die Natur so lange zu überlisten?

Das GPS schickt mich auf die Interstate 5, die schnellste Route durch den Bauch des Staates, aber ich habe eine Vorliebe für den Highway 99, die alte Strasse, die die Okies und die Mexikaner auf die Felder gebracht und meine armenische Zunge mit einem Näseln belegt hat. Der Highway führt meilenweit, mal zweispurig und mal dreispurig, durch bewirtschaftetes Land, alle zwanzig Minuten unterbrochen von Fast Food, Tankstelle und billigem Motel. Häusersiedlungen, Kaliforniens letzter erschwinglicher Traum, zivilisieren drei oder vier Ausfahrten, ehe es wieder zurück auf die offene Strasse geht, die bespritzt ist mit dem Gedärm und den Federn der Hühner, die auf der Fahrt zum Schlachthof vorzeitig von Bord gesprungen sind. Rosaroter und weisser Oleander teilt den Highway, und jedes dritte Fahrzeug, das vorbeirauscht, ist ein Sattelzug. Meist schleppen sie die guten Gaben des Tales fort. Die Ernte beginnt im Januar mit einer Mandarinensorte, endet im Dezember mit einer anderen Mandarinensorte, und dazwischen schüttet das Valley alle land- und milchwirtschaftlichen Erzeugnisse aus deinem Supermarkt aus – bis auf Bananen, Mangos und Kiwis, obwohl die Farmer hier auch an den tropischen Früchten arbeiten.

Ich halte mich auf der linken Spur und versuche, meinen Vorsprung zu behaupten. Die Fahrer der Sattelzüge sind in beiden Richtungen gereizt, und die Landarbeiter in ihren klapprigen Lastwagen halb am Einschlafen. Neunundneunzig ist der tödlichste Highway in Amerika. Tödlich im Rausch der Ernte, tödlich in der Stille des Nebels und tödlich in der Unschärfe einer Samstagnacht, wenn die Feldarbeit getan und das Biertrinken zu einer zweiten Erniedrigung geworden ist. Zwanzig Meilen vor Fresno überquere ich den Kings River, den Fluss, der mehr Ackerland bewässert als irgendein anderer Fluss hier in der Gegend. Der Kings ist wie üblich knochentrocken. Um ihn fliessen zu sehen, müsste ich in den Feldern dahinter in eintausend Bewässerungsgräben suchen.

Ein Gebirgszug ist zu meiner Linken, ein Gebirgszug ist zu meiner Rechten, und dazwischen liegt eine Ebene, flacher als Kansas, wo Getreide und Himmel einander berühren. Eine der dramatischsten Veränderungen der Erdoberfläche in der menschlichen Geschichte hat sich hier ereignet. Die Hügel, die es zu Zeiten der Yokut-Indianer noch gegeben hatte, waren von einem von Pferden gezogenen Brocken aus Metall namens Fresno Scraper plan gemacht worden. Der Lauf eines jeden Flusses, der aus der Sierra brach, wurde durch ein Bollwerk von Gräben, Dämmen, Kanälen und Deichen seitwärts gebogen, wenn nicht gar umgekehrt. Der Farmer pferchte das Schmelzwasser ein und löschte das Valley samt seinen Wüsten und Sümpfen aus. Er ebnete seine Suhlen, befreite es von Melden und anderem Gesträuch, tötete seine letzten Mustangs, Antilopen und Tule-Wapitis. Er befreite den Himmel von Millionen von Gänsen und legte den Tulare-See mit seinen 2 000 Quadratkilometern trocken.

Er tat dies zuerst im Namen des Weizens und dann im Namen des Rindfleischs, der Milch, der Rosinen, der Baumwolle und der Nüsse. Sobald er fertig damit war, den Strom der fünf Flüsse, die durch die Ebene flossen, einzufangen, griff er mit seinen Turbinenpumpen nach dem Wasser unter der Erde. Nachdem er den Aquifer ausgeblutet hatte, rief er die Regierung an, sie möge ihm einen noch mächtigeren Strom von weit her bringen. Über das grosse Aquädukt, als Frachtgut von Politik und Schwerkraft, kamen die überschüssigen Wasser des Sacramento River. Der Farmer versetzte den Regen. Je mehr Wasser er bekam, desto mehr Feldfrüchte pflanzte er, und je mehr Feldfrüchte er pflanzte, desto mehr Wasser brauchte er, um neue Feldfrüchte zu pflanzen, und so weiter und so fort. Eine halbe Million Hektar des Talbodens, eine Fläche grösser als Rhode Island, ist jetzt mit Mandelbäumen bedeckt.

Mir tut der Nichteingeweihte leid, der das zu verstehen sucht. Mein Grossvater, ein Überlebender des Genozids an den Armeniern, war 1920 mit Schiff und Bahn 7 000 Meilen weit gereist, um herauszufinden, ob die Ermunterung seines Onkels – «Die Weintrauben hier sind so gross wie Jade-Eier» – der Wahrheit entsprach. Mein Vater, er wurde auf einem Weinberg ausserhalb von Fresno geboren, war Rosinenzüchter, ehe er Barbesitzer wurde. Ich wuchs am Stadtrand auf, wo unsere Spielplätze nach den Pionieren des Obstanbaus benannt waren und Bewässerungskanäle durch unsere Wohnviertel zu den Farmen schossen, die wir nicht kannten. Mein halbes Leben lang hatte ich mich gefragt: Wie viel davon war Zauberei? Wie viel davon war Raubgut?

Ich fahre in den Bezirk Kern County, ganz nah an die Berge, um herauszufinden, wie die grössten Farmer in Amerika, allen voran der allergrösste, in Dürrezeiten ihre Fruchtplantagen und Weinberge nicht nur am Leben erhalten, sondern noch mehr Mandeln (32 000 Hektar), noch mehr Pistazien (29 500 Hektar), noch mehr Weintrauben (14 000 Hektar) und noch mehr Mandarinen (5 200 Hektar) anbauen. Auch wenn die Wasserversorgung auf nationaler und bundesstaatlicher Ebene auf nahezu null gefallen ist, die Landwirtschaft in Kern tuckert weiter und wird noch intensiver. Die neuen Pflanzungen sind nicht etwa Baumwolle, Alfalfa oder Karotten – die Früchte, gegen deren Saat sich ein Farmer bei drohendem Wassermangel entscheiden kann. Es sind Bäume und Reben, die in Baumschulen gezüchtet und für 25 000 Dollar pro Hektar in die Erde gesetzt werden, um den zunehmenden Appetit der Welt auf Nüsse und Früchte zu stillen.

Die Landwirtschaft im Süden des Valleys hat sich weit über das Versorgungsgebiet seines einzigen Flusses, den Kern, ausgedehnt. Die Farmer dort bestellen knapp über 400 000 Hektar Land, und weniger als die Hälfte davon wird durch den Strom des Kerns bewässert. Der Fluss ist extrem launisch. In einem Jahr bringt er 1,1 Milliarden Kubikmeter Schmelzwasser, im Jahr darauf nur 370 Millionen. Big Ag, die Grosslandwirtschaft, brauchte eine bessere und verlässlichere Versorgung, um zu wachsen. Also machten sich die Farmer von Kern in den 1940ern erstmals auf, um Wasser von nicht nur einem Fluss in der Ferne abzuzapfen, sondern gleich von zweien: dem San Joaquin im Norden und dem Sacramento noch weiter nördlich. Das importierte Wasser kommt über das Central Valley Project und das State Water Project, zwei einzigartige, von Bund und Land gebaute hydraulische Systeme, um Abhilfe gegen Gottes ungleichen Plan von Kalifornien zu schaffen. Das dem Kern County zugeführte Wasser – 1,7 Milliarden Kubikmeter – hat das Anbaugebiet verdoppelt. Aber nicht einmal diese beiden Projekte, die perfekt aufeinander eingespielt sind, können der Trockenheit trotzen. Wenn die Natur hart zubeisst und der Wasserstrom von der Regierung sich auf ein Tröpfeln reduziert, schalten die Züchter in Kern County ihre Pumpen an und dringen noch tiefer in die Erde.

Der Aquifer, ein Hunderte von Jahren altes Wasserreservoir unter dem Lehm, ist nicht bodenlos. Es kann nur begrenzt zusammengedrückt werden. Indem die Züchter auf der Suche nach einer verschwindenden Ressource immer mehr Löcher in den Boden treiben, senkt der Grund sich ab. Der Farmer aus Kern County kann nun zwischen zwei Möglichkeiten wählen: Entweder greift er tief in seine Tasche, um hochpreisiges Wasser aus einem Bewässerungsbezirk mit überschüssigen Vorräten zu kaufen; oder er heckt einen Plan aus, um das Wasser von einem Nachbarn zu stehlen. Es gibt Gerüchte über Wasser, das Farmern zwei Bezirke weiter gehört, das aus dem Boden gepumpt und in der Dunkelheit der Nacht entführt wird, um damit die Nüsse von Lost Hills zu bewässern.

Ich fahre vorbei an Tulare, wo jeden Februar die weltgrösste Traktorshow stattfindet, grösser noch als die in Paris. Vorbei an Delano und den ersten Weinbergen, gegen die César Chávez marschierte. Vorbei an McFarland und den Läufern der Highschool, die in den 1990ern fünf kalifornische Meisterschaften hintereinander gewannen. Vorbei an Oildale und dem Güterwagen, in dem Merle Haggard aufwuchs. Vorbei an Bakersfield und dem Highschool-Fussballstadium, wo Frank Gifford und Les Richter, zwei spätere Mitglieder der Pro Football Hall of Fame, bei der regionalen Meisterschaft 1947 im peitschenden Regen gegeneinander antraten. Und dann, es trifft mich wie ein Schlag, komme ich an die Strasse nach Weedpatch, wo die Geschichte meines Grossvaters in Amerika – ein Dichter, der auf Händen und Knien Kartoffeln pflückte – begann. Ich habe die Ausfahrt verpasst. Die weit offene Mitte von Kalifornien hat mich wieder einmal eingelullt.

Ich drehe wieder um und stosse auf Route 46, die Strasse, die James Dean tötete. Ich steuere an Wasco vorbei in Richtung auf die staubverwehten Fruchtplantagen zu beiden Seiten von Lost Hills, dem weltweit dichtesten Anbaugebiet von Mandeln, Pistazien und Granatäpfeln. Das ist die Domäne von Stewart Resnick, dem reichsten Farmer im Land und vielleicht auch dem eigenartigsten. Seine Geschichte ist es, die ich ein paar Jahrzehnte lang in meinem Notizbuch mit mir herumgetragen habe, ganz sicher, ich sei nach fünf oder zehn Jahren bereit, sie zu schreiben, nur um dann von noch einer Wendung zu erfahren, die mich auf eine andere Fährte brachte.

Ebenso wie die Weizenbarone aus den 1870er-Jahren, die in San Francisco in Nob Hill wohnten, war auch Resnick kein Einheimischer. Nie hat er einen Traktor gefahren oder ein Bewässerungsventil aufgedreht. Nie hat er mit einem staubigen Stiefel einer Schaufel ins Genick getreten und ein Loch in die Erde gegraben. Er könnte einen seiner Haine mit Valencia-Orangen nicht von einem seiner Haine mit Washington-Navel-Orangen unterscheiden. Das Land ist für ihn nicht real. Seine Wirtschaftlichkeit beruht auf Grössenvorteilen in einem Ausmass, an dem sich noch niemand hier versucht hat. Er ist in New Jersey aufgewachsen, wo sein Vater eine Bar betrieb. In den 1950ern kam er nach Kalifornien, um sich neu zu erfinden. Willkommen im Klub. Er erfand sich neu als Absolvent der juristischen Fakultät der UCLA, als Gebäudereiniger in Los Angeles, als Verkäufer von Alarmanlagen, als Verkäufer von Blumen in Töpfen, als Präger von Elvis-Münzen und Gesichtern von Prinzessin-Diana-Puppen, als Abfüller von Fiji-Wasser, als Farmer, der die Erde des San Joaquin Valley bestellt. In den späten 1970ern kaufte er sein erstes Stück Land von 260 Hektar. Nach und nach kamen immer mehr Grundstücke mit Mandeln, Pistazien, Granatäpfeln und Zitrusfrüchten dazu, und er dehnte schliesslich die Grenzen der Landwirtschaft auf ein in Kalifornien nie dagewesenes Mass aus.

Mit 81 ist er so gross geworden, dass er gar nicht mehr weiss, wie gross. Als er das letzte Mal nachschaute, so sagte er mir, gehörten ihm 73 000 Hektar von Kalifornien. Das sind 730 Quadratkilometer. Er bewässert 49 000 Hektar dieser Fläche. Das schliesst die 8 500 Hektar Land mit Grapefruits und Limonen, die er in Texas und Mexiko anbaut, nicht mit ein. Er verbraucht mehr Wasser als irgendein anderer Mensch im Westen. Seine 15 Millionen Bäume im San Joaquin Valley verbrauchen mehr als 490 Millionen Kubikmeter Wasser pro Jahr. Die Stadt Los

Angeles verbraucht 725 Millionen Kubikmeter. Resnicks Milliarden beruhen auf seiner Fähigkeit, Wasser, Sonne, Boden und sogar Bienen zu beherrschen. Als er vor 17 Jahren erstmals kernlose Mandarinen im Valley anpflanzte, flogen die Bienen von den angrenzenden Zitronenplantagen in seine Haine, bestäubten seine Blüten und brachten Kerne ins Fleisch seiner Früchte. Da sagte er seinen Nachbarn, sie sollten den Flug der Bienen ändern, sonst würde er sie wegen widerrechtlichen Betretens seines Grundstücks verklagen. Die Farmer antworteten, dass sie die Wege einer Biene nicht überwachen könnten, und drohten, ihn ihrerseits zu verklagen. Der Streit über die «Flugverbotszone» wurde schliesslich durch die Erfindung eines netzartigen Gewebes gelöst, das Resnick jedes Frühjahr über seine Mandarinen legt. Das Plastik überzieht den Hain wie eine Riesenrolle Klarsichtfolie. Keine Biene kann durch diesen Schutzschild dringen, und seine Mandarinen bleiben kernlos.

Die Kontrolle, die Resnick innerhalb seines 4,5 Milliarden-Dollar-Privatunternehmens ausübt, ist einer Person überlassen: seiner Frau Lynda, stellvertretende Vorsitzende und Miteigentümerin, «Granatapfel-Königin», wie sie sich selbst nennt. Sie prägt die Marke des Imperiums, ist die Schöpferin des Produktmarketing und hat das letzte Wort in den Super-Bowl-Werbespots: «Überliste den Tod» ist der Slogan für den an Antioxidantien reichen Granatapfelsaft, «Knack los» der für die Pistazien und «Unberührt von Menschen» der für das Fiji-Wasser. Ein Ehepaar, das gemeinsam die Zügel hält, ist eine seltene Erscheinung im amerikanischen Unternehmertum und noch seltener in der industriellen Landwirtschaft. Er herrscht über sein Reich und sie über das ihre, und er ist darauf bedacht, die

Grenzlinie zu respektieren. «Wenn er auch nur mit der Zehenspitze auf ihr Rasenstück tritt», sagt ein ehemaliger Geschäftspartner, «genügt ein einziger Blick von ihr, um ihn geradewegs wieder zurückzuschicken.»

Gemeinsam haben die Resnicks die rückwärtsgewandte, bäuerliche Kultur des Valleys mit der Promi-Kultur von Los Angeles vermählt. Sie machen kein Agrobusiness. Vielmehr sagen sie, dass sie «auf der ganzen Welt Glück und Gesundheit durch unsere ikonischen Verbrauchermarken ernten». Ihre Feldfrüchte sind keine Feldfrüchte, sondern herzgesunde Snacks und lebensverlängernde Elixiere. Stewart spricht in Bezug auf seine gelegentliche Wegstrecke zwischen Lost Hills und Beverly Hills – etwa 140 Meilen – von der «Distanz eines Carpetbaggers[1]». Sie scheint sogar noch weiter, sagt er, wenn man die psychologische Distanz eines Juden von der Ostküste dazurechnet, der in einem kalifornischen Agrargürtel lebt, wo es nur vereinzelt Juden gibt. Lynda legt die Strecke dennoch inzwischen häufiger mit dem firmeneigenen Jet zurück. Sie hat genug grosse Spenden an Museen und psychiatrische Kliniken in Los Angeles getätigt, die ihre Gebäude nach ihr und Stewart benennen. Das South Valley – mit seiner Armut und seinen Menschen, seiner Fettleibigkeit und Diabetes – ist ihre neueste Mission.

In Lost Hills wird sie «Lady Lynda» genannt. Bei ihren Besuchen trägt sie Haute Couture, steht dabei im Staub und verspricht noch eine Charter School oder ein weiteres

[1] Anm. d. Übers.: *Carpetbagger*, Teppichtaschenträger, war nach dem amerikanischen Bürgerkrieg (1861–1865) eine abschätzige Bezeichnung der Konföderierten für die Personen aus den Nordstaaten, die (ihr Hab und Gut in Taschen aus Teppich tragend) in den Süden kamen, um, in den Augen der Südstaatler, die Bevölkerung dort auszubeuten.

Projekt für bezahlbaren Wohnraum. Die Leute sind überhaupt nicht in der Lage, die 50 bis 80 Millionen Dollar zu fassen, von denen die Resnicks im Zusammenhang mit ihren jährlichen philanthropischen Ausgaben sprechen. Massnahmen in dieser Grössenordnung hat noch kein landwirtschaftliches Unternehmen in Kalifornien jemals in Angriff genommen. Ihre Gaben fliessen in College-Stipendien und Tutoren. Sie gehen an Doktoren und Krankenpfleger, Trainer und Ernährungsberater, die das Gewicht der Arbeiter beobachten, sie anspornen, Sport zu treiben, und ihnen Süssgetränke und Tortillas abgewöhnen. Bei der Ankündigung des neuesten Geschenks lächeln die Männer und Frauen im hinteren Teil der Menge, applaudieren höflich und versuchen, ihre Gesichter nicht den Presseleuten zuzuwenden, die sie mitgebracht hat, um das Event zu filmen. Schliesslich haben viele von ihnen keine Ausweispapiere.

Vor über fünfundsiebzig Jahren griff der Schriftsteller Carey McWilliams in Factories in the Field die «bebänderten Herzoge» und «gegürteten Barone» der kalifornischen Landwirtschaft an. Wäre er heute am Schauplatz, müsste er noch die «geschärpten Königinnen» auf die Liste setzen. Man ist versucht, sich der hyperventilierten Sprache der 1930er zu bedienen, um den Einflussbereich der Resnicks zu ermessen. Imperium. Königreich. Lehenswesen. Feudalsystem. Heute gehört fast alles, was in dieser Trostlosigkeit von Kern County liegt, ausser den Ölquellen, zu Paramount Farming, das den Resnicks gehört. Aber Paramount ist nicht mehr Paramount. Per Dekret von Lynda, die einst über eine Schale von diesen kernlosen, kleinen, saftigen Mandarinen meditierte und sie spontan *Cuties* taufte, ist dies nun das Land von Wonderful.

Es ist Sommer 2016, acht Wochen vor der grossen Ernte, und ich fahre im Zickzack durch die Mandeln und Pistazien, die Quadratmeile um Quadratmeile in tadellosen von Mikrobewässerungssystemen gesäumten Plantagen stehen und schwer beladen mit Nüssen sind. Von allen Wundern von Wonderful ist dies das geheimnisvollste. Das State Water Project, das den Westen von Kern County in ein Landwirtschaftsungeheuer verwandelte, hat in den letzten drei Jahren, inmitten der schlimmsten Dürre in der Geschichte Kaliforniens, kein oder nur kaum Wasser gegeben. Wenn dies irgendein anderer Teil von Kern County wäre, würden die Farmer zum Ausgleich tief in den Boden dringen. Aber im westlichen Kern County gibt es kein Grundwasser, das man schöpfen könnte. Der Aquifer existiert entweder nicht, oder er ist derart von Salzen verunreinigt, dass das Wasser giftig ist.

Infolgedessen ist hier das Agrarland, eine mit Dauerkulturen bepflanzte Fläche von etwa 40 000 Hektar, völlig von der Versorgung mit Bergwasser von der Regierung abhängig. Dies ist ein Boden für Spekulanten wie kein zweiter in Kalifornien, und während ich über Berg und Tal fahre und dabei jede Plantage besichtige, dreht sich mir der Kopf. Wie kann das sein? Kein Regen seit fünf Jahren. Das Wasser vom Staat schwindet Jahr für Jahr. Kein Grundwasser als Ausgleich für die fehlende Versorgung durch die Regierung. Warum also ist dieser Ort nicht tot wie Tumbleweed? Wie kann erneut eine Rekordernte in den Wipfeln dieser Bäume hängen?

All diese Berechnungen stelle ich auf Grundlage der Zahlen an, die ich zusammentragen kann, aber ich komme nicht dahinter, wie diese Nüsse genügend Wasser bekommen. Es gibt eine lokale Wasserbank, eine Art unterirdischer See, den die Resnicks kontrollieren. In Jahren mit reichhaltigem Regen und grosser Schneeschmelze füllt sich dieser Speicher mit über einer Milliarde Kubikmeter Wasser. Doch der Grossteil dieses Wassers wurde von den Resnicks und anderen Kontoinhabern in den Jahren eins, zwei, drei und vier der Dürre verbraucht. Was immer davon übrig ist, reicht kaum, um den Ausfall des von bundesstaatlicher Seite importierten Wassers zu kompensieren.

Dann habe ich Glück. Ich stosse auf einen Wonderful-Landmann in einem Allrad-Truck, der meiner Fassungslosigkeit Gehör schenkt und sich meiner erbarmt. Beim Wegfahren wirft er einen Hinweis aus dem Fenster. Biegen Sie von der Interstate 5 auf die Twisselman Road und fahren Sie dann nach Westen, bis die Strasse das *California Aqueduct* kreuzt. Dort werde ich, wie er mir sagt, im Schatten der grossen staatlichen Betonader, die Schmelzwasser von Norden nach Süden führt, eine private Pipeline finden, die Stewart Resnick schwarz gebaut hat, um seine Bäume vor dem Sterben zu retten. Das Wasser wird ahnungslosen Farmern in einem über vierzig Meilen entfernten Bewässerungsbezirk in Tulare County weggenommen. Kein Fremder betritt dieses Gebiet, es sei denn, er muss eine Leiche loswerden oder Abfall vom Meth-Kochen entsorgen oder ein heisses Auto versenken. Die Weite gibt dir das Gefühl von Sicherheit und Gefahr zugleich. Ich fahre direkt in das gleissende Sonnenlicht über der Gebirgskette an der Küste. Durch den Dunst sehe ich den Buckel des Aquädukts näher kommen. Seit meiner Kindheit verspüre ich dessen Anziehungskraft – eine Schwere, die auf dem Land und in meiner eigenen Geschichte liegt. In einer nebelfeuchten Nacht im Januar 1972 kamen zwei Männer mit Handschuhen in die leere Bar meines Vaters und erschossen ihn. Sie versenkten ihr gestohlenes Auto im schwarzen Wasser des Kanals und kamen für die nächsten zweiunddreissig Jahre mit Mord davon. In einem Tal von toten Flüssen mordete jeder im Namen der Landwirtschaft, das Aquädukt war der Fluss, der noch am Leben war. Seine Künstlichkeit hatte Beständigkeit erlangt; seine Beständigkeit hatte mein Kalifornien geschaffen.

Ich biege rechts ab auf den erdigen Boden einer Granatapfelplantage, die alte Frucht, aus der die Resnicks POMWonderful, den süssen dunkelroten Saft in einer kurvenreichen Flasche, gemacht haben. Drei Monate vor der Ernte springen die leuchtend roten Äpfel aus dem hellgrünen Blattwerk hervor wie Christbaumkugeln am Weihnachtsbaum. Ich studiere das Terrain. Dies muss der Ort sein, den der Wonderful-Landmann beschrieben hatte. Und tatsächlich sehe ich, eng an den Rand des Aquädukts geschmiegt, ein Funkeln. Ich steige aus und gehe einen Damm entlang. In der Sonne schlängeln sich dort vor mir zwei Aluminiumrohre, eines neben dem anderen, jedes mit einem Durchmesser von zwölf Zoll. An einigen Stellen verlaufen die Rohre auf Holzkisten, die zum Verpacken von Obstkartons verwendet werden. Wo die Rohre an die Twisselman Road stossen, ist höhere Ingenieurskunst nötig. Hier hat eine Truppe einen Durchlass unter der Strasse gegraben und die Pipeline unter dem Asphalt verlegt, der ein Feld vom anderen trennt. Hier springt privates Wasser von Tulare County nach Kern County, aber staatliche Gerichtsbarkeit zählt nicht. Der Erdboden zu beiden Seiten der Strasse, meilenweit in beide Richtungen, gehört Wonderful. Ich stehe über den Rohren und poche hart dagegen. Sie pochen mit der kalten Vibration von Wasser zurück. Woher kommt es? Zu wem fliesst es?

2. DIE ERBAUER DES REICHS

Es ist das Wasser, was mich im Winter 2003 zu Stewart Resnick führte. Damals hatte die *Los Angeles Times* mitten in Kalifornien ein Büro. Zufällig war das Büro mein Haus in Northwest-Fresno. Ich hatte das letzte Kapitel von *The King of California* abgeschlossen, ein Buch, das ich mit einem guten Freund über J. G. Boswell schrieb, der für den grössten Teil des 20. Jahrhunderts mehr Land besass und mehr Wasser kontrollierte als irgendeine andere Person im Westen. Er und seine Vorfahren aus Georgia hatten den Tulare-See trockengelegt, das grösste Süsswasserreservoir diesseits des Mississippi, und 40 500 Hektar Baumwolle ausserhalb von Corcoran angepflanzt. Es traf sich, dass Resnick, ein Stück weiter die Strasse hinunter auf der anderen Seite des Seegrunds, seinen eigenen Wasservorrat erbeutete, die Kern Water Bank, und Millionen von Nussbäumen auf Wüstengestrüpp baute. Kein Journalist hatte auch nur ein Wort darüber verloren, wie er zum Landwirtschaftsriesen aufgestiegen war, wie er öffentliches Wasser in privates Wasser verwandelt hatte, indem er die Kontrolle über Kaliforniens grösste Wasserbank an sich riss, ein Projekt, das ursprünglich mit 74 Millionen Dollar Steuergeldern gestartet war. Der Vertrag wurde in einer Reihe von mehreren geheimen Meetings in Monterey unterzeichnet. Resnick wollte in meiner Geschichte nicht vorkommen. Jedes Mal, wenn ich anrief, legte seine Sekretärin den Hörer auf.

Ich wartete fünf Jahre, ehe ich erneut in seiner Zentrale anrief. Es war im Frühjahr 2008, und dieses Mal legte die Sekretärin nicht auf. Meine Idee war ein Porträt in einem Magazin über Stewart, den Nusskönig. «Schicken Sie ihm doch eine E-Mail», schlug die Sekretärin vor. Ein paar Wochen später fuhr ich im Aufzug eines Hochhauses an der Westside von Los Angeles nach oben.

Er sass an einem aufgeräumten Schreibtisch und erhob sich, um mir die Hand zu schütteln. Ein kleiner, schlanker Mann, kaum grösser als einen Meter fünfundsechzig, Anfang siebzig mit dünnem Silberhaar und braunen, pink umrandeten Augen. Die Sprache seiner Eltern und Grosseltern, New Yorkisch mit jiddischem Einschlag, mit diesem Humor und dieser anrührenden Ungeduld, lag noch immer auf jedem seiner Worte, obwohl er seit einem halben Jahrhundert in Kalifornien lebte. Er trug den allerneuesten Slim-fit-Style. Vor ihm standen in einer Reihe kleine Schalen mit Mandeln, Pistazien und leicht schälbaren Mandarinen, ein Teller mit weissem, in Olivenöl gekochtem Putenhackfleisch und ein Glas Granatapfelsaft. Alles bis auf das Putenfleisch kam von seinen Plantagen. Man hatte bei ihm Prostatakrebs im Frühstadium diagnostiziert, und er hegte keinen Zweifel daran, dass der Saft ihm guttat. «Meine Gesundheit, toi, toi, toi, ist gut. Sie erlaubt mir den Luxus, weiterzuarbeiten. Ehrlich gesagt, macht mir die Arbeit viel zu viel Spass, als dass ich an Ruhestand denken würde.»

Selbst wenn er daran dächte, zurückzuschrauben, es gab keinen Nachfolger. Keines seiner drei Kinder zeigte auch nur das geringste Interesse daran, die Firma zu übernehmen. Dennoch hatte er sich erste Gedanken über sein Vermächtnis gemacht, und das war der Grund, warum er schliesslich doch zu einem Treffen mit mir bereit war. «Ich habe bisher noch keiner Zeitung und keinem Magazin ein Interview gegeben. Ich habe immer Nein gesagt. Wenn du dein Geld so verdienst wie wir, was bringt es dir dann?

Mir ist es lieber, wenn mich niemand kennt.» Er hatte vor Kurzem *The King of California* gelesen und war darüber nachdenklich geworden. «Ich werde nicht ewig leben, daran können auch die Unmengen von Granatapfelsaft, die ich trinke, nichts ändern. Es ist vielleicht schön, wenn meine Kinder und Enkel eines Tages ein Buch in die Hand nehmen und lesen können, was wir aufgebaut haben.»

Er und Lynda haben die Art und Weise verändert, wie Nahrungsmittel in Kalifornien angebaut und weltweit vertrieben werden. Wenn sie Farmer waren, dann Farmer, die sich mit Tom Hanks, Steve Martin, David Geffen, Warren Beatty und Joan Didion herumtrieben. Sie spendeten 15 Millionen Dollar, um das Stewart and Lynda Resnick Neuropsychiatric Hospital an der UCLA zu gründen, und mehr als 25 Millionen Dollar an das Los Angeles County Museum of Art zum Bau eines Pavillons in ihrem Namen. Anders als viele andere Milliardäre konnten sie auch über sich selbst lachen. Zu Weihnachten verschickten sie 4000 mit Früchten und Nüssen gefüllte Geschenkkartons an ihre «engsten und liebsten Freunde» und legten eine Karte bei, auf der ein Foto das Paar als Adam und Eva in hautfarbenen Bodystockings zeigte. «Wenn Eva Adam doch nur einen Granatapfel anstatt eines Apfels angeboten hätte», schrieb Lynda, «dann hätte jeder Tag ein Feiertag sein können.» Die Resnick-Geschichte verdiente auf jeden Fall ein Buch, aber wollte er wirklich, dass ich es schreibe? Boswell hatte versucht, ein Exemplar von *The King of California* zu zerreissen, als seine Sekretärin ihn darum bat, es zu signieren.

«Lassen Sie uns doch mit einem oder zwei ausführlicheren Interviews beginnen», schlug ich vor.

«Treffen wir uns in zwei Wochen», sagte er.

Das Tor zu der 2 500-Quadratmeter-Jugendstil-Villa am Sunset Boulevard öffnete sich magisch, ohne dass ein Wachmann einen Wink gab. Ich stieg aus meinem Wagen und näherte mich dem Eingang mit seinen vier Meter hohen Säulen und schmiedeeisernen Geländern. Lynda sagte einmal, dort oben hockt vielleicht eine Königin, guckt hinaus und ruft: «Sollen sie doch Kuchen essen!» Als die Villa 1927 erbaut wurde, hiess sie das Sunset House. Noch ehe ich an die Tür klopfen konnte, grüsste mich eine von zwei geföhnten Hunden flankierte Haushälterin an den Eingangsstufen und führte mich hinein. Ich versuchte, nicht auf das Gold zu starren, das einfach überall war: goldene Möbel auf schweren Füssen, Gemälde in dicken goldenen Rahmen, Blattgoldteppiche und Vorhänge mit goldenen Fransen. Von den gewölbten Decken mit goldverziertem Stuck hingen zwei Kronleuchter aus mundgeblasenem Glas. Die Vorhänge waren aus einem in Venedig gewebten Stoff genäht und schwer genug, um einer Person, die während der Stösse eines Erdbebens zufällig am Fenster stand, den Garaus zu machen.

Es gab einen Majordomus, einen Butler, einen Koch, einen Souschef, drei Haushälterinnen und einen Limousinen-Chauffeur. Ausserdem gab es ein Trio von Assistenten, die im Keller arbeiteten, Lyndas Kalender verwalteten und das Kaufen, Verpacken und Verkaufen von Geschenken managten, die sie an ihre Rolodex-Kartei von «hochgestochenen Leuten» schickte. Stewart hatte unmissverständlich zu verstehen gegeben, dass Lynda nicht dabei sein würde. Sie hatte ihr eigenes Buchprojekt laufen – über ihr Genie als Marketingfrau. Er hatte den Vormittag auf seinem Trainings-Bike verbracht und dabei Fortune gelesen. Frisch geduscht, ein rotes Kabbala-Armband am Handgelenk und mehrfarbige Socken an den Füssen, hiess er mich willkommen. Wenn es nach ihm ginge, sagte er, würde er immer noch in einem kleinen Farmhaus in Culver City wohnen. «Nichts von all dem ist mein Geschmack. Das ist meine Frau. Das ist Lynda.» Wo beginnst du mit einem Mann, der grosse Reichtümer besitzt, wenn nicht bei den entlegenen Orten, die euch vielleicht gemeinsam sind? Und so begann ich mit Gemetzel und Wahnsinn und ging dann über zu Barkeepern als Väter.

Sein Grossvater Resnick war infolge eines weiteren Mordes an Juden durch Kosaken aus der Ukraine geflohen. Die Kirchenglocken läuteten, und die Dorfbewohner kamen mit Sensen und Äxten bewaffnet heraus und glaubten, sie hätten den Grund für ihre Armut gefunden. Das war in den frühen 1900ern, und sein Grossvater und seine Grossmutter beschlossen, sich eine Überfahrt nach Amerika zu beschaffen. Sein Vater war damals drei Jahre alt. Sie liessen sich in Brooklyn unter Juden nieder, die selbst vor Pogromen geflohen waren, und sein Grossvater stieg ins Näh- und Stickgeschäft ein. Sein Vater begegnete seiner Mutter, der Tochter des Kantors, und sie heirateten. Als die Grosse Depression zuschlug, zogen seine Eltern nach Middlebush in New Jersey, wo sie ein paar Trucks kauften und mit Kaffee, Töpfen und Pfannen hausieren gingen. Stewart war das zweite von vier Kindern, der einzige Junge. «Ich erinnere mich vage, auf einer Farm aufgewachsen zu sein», sagte er. «Aber wir blieben dort nicht lange.» Sie zogen nach Highland Park, wo Johnson & Johnson beheimatet ist, und nah genug an der Rutgers University, um die Football-Fans auf dem Neilson Field schreien zu hören. Manhattan war dreissig Minuten in eine

Richtung entfernt; die Küste von Jersey dreissig Minuten in die entgegengesetzte Richtung. Der Bezirk mass weniger als zwei Quadratmeilen. Er war kleiner als ein paar seiner Grundstücke mit Mandeln.

Sein Vater kaufte eine Bar in der Nachbarschaft und führte sie mit ebenso eiserner Faust wie das Haus. Er war klein, bullig und liess sich von niemandem bescheissen. «Er war ungefähr so gross wie ich, aber er war zäh. Er war ein Säufer, eine grosse Leber, die das schnelle Leben liebte. Seine Bar war ein Ort für Typen, Typen vom Schlag Damon Runyons.»

Resnicks Kumpel waren allesamt Kinder aus jüdischen Familien der Oberschicht. Es war nicht einfach, der Ärmste zu sein, dessen Vater ein Spieler war, der die Familie jederzeit um das wenige bringen konnte, das sie hatten. Einmal, als er von der Schule nach Hause kam, war das Auto weg. Sein Vater hatte es verwettet. «Nach aussen hin war er zäh, aber tief im Innersten hatte er diese Schwächen. Ein zwanghafter Spieler und Alkoholiker. In solchen Situationen verlor er die Beherrschung und holte den Riemen heraus.»

Wie viele Milliardäre hatte er keine anständige Erklärung für sein Vermögen. Weil er es nicht mit Daddys Geld gemacht hatte oder mit dem, was er für überragenden Verstand hielt, schrieb er seinen Reichtum dem Glück und einer einfachen Lektion zu, die er früh im Leben gelernt hatte. Er war dreizehn, als er am ersten Tag seines ersten Jobs in der Rutgers Pharmacy stand. Sein Chef zeigte ihm einen Lagerraum voller durcheinandergeworfener Chemikalien und trug ihm auf, Ordnung in dem Chaos zu schaffen. Stewart wusste nicht, wo er beginnen sollte, und studierte die Lage. Die Haufen von Fläschchen gaben ihm keine Antwort. Der Chef kam wieder, sah seine Untätigkeit und sagte nur drei Worte: «Fang einfach an.» Da setzte Resnick sich in Bewegung, und bald ging ihm die Arbeit schnell von der Hand. Reinhauen war seine eigene Weisheit, wie er herausfand. Ordnung stellt sich durch Tun von alleine ein. Fang einfach an wurde einer seiner Leitsätze.

In der Highland Park Highschool glänzte er in Mathe und quälte sich in Englisch. Nach dem Abitur musste er nur über den Raritan River schauen, um sein College zu finden. Der Plan war, sich in Rutgers für Medizin einzuschreiben und Arzt zu werden. Im ersten Studienjahr rief ein Onkel aus Kalifornien an. Er war nach Long Beach gezogen, hatte ein Grundstück gekauft und eine dieser neuen Einkaufsmeilen gebaut. Das Geld war allzu leicht verdient. Sein Vater hatte die Bar verkauft und war ohne Halt. Warum also nicht Kalifornien? Sobald seine Eltern sich entschlossen hatten zu gehen, beschloss er ebenfalls zu gehen. 1956 brach er auf. «Ich mochte New Jersey nie, aber ich wusste nicht, warum. Kalifornien hat mir dann erklärt, warum.»

Das *Making-of* eines Milliardärs im Verlauf des nächsten halben Jahrhunderts war eine Abfolge von Punkten, die sich unter der Sonne Kaliforniens miteinander verbanden. Es war linear, logisch, flüssig und beinahe schicksalhaft. Er bekam einen Studienplatz an der UCLA und trat einer jüdischen Burschenschaft bei. Einer seiner Verbindungsbrüder war ein reicher Junge, dessen Vater eine Hausmeisterfirma betrieb. Er hatte eine kaum benutzte industrielle Maschine, die Böden schrubbte und bohnerte. Resnick griff tief in seine Ersparnisse aus seinem Job in einer psychiatrischen Klinik und beteiligte sich zur Hälfte daran. «Nach dem Unterricht und an den Wochenenden putzten und bohnerten wir Fussböden. Das Bohnerwachs brauchte einige Zeit, um zu trocknen. Also begannen wir währenddessen auch die Fenster sauber zu machen.» Sie nannten die Firma Clean Time Building Maintenance.

Sein Verbindungsbruder begann sich zu langweilen, wie reiche Jungen das eben tun, und Resnick kaufte ihm seinen Anteil für 300 Dollar ab. Er begann damit, Pizzerias und Drogerien zu reinigen. Das Geschäft kam so in Fahrt, dass er zwei Trucks kaufte und Leute anheuerte. Als er 1960 sein Studium an der UCLA abschloss und sich an der juristischen Fakultät einschrieb, verdiente er 40 000 Dollar im Jahr – was heute 320 000 Dollar entspricht. «Als ich mein Jurastudium abschloss, beschäftigte ich an die hundert Leute.»

Bei den Gebäuden, die er reinigte, fiel ihm auf, dass niemand die Vorder- und Hintertüren bewachte. Mit dieser Einsicht verkaufte er sein Unternehmen für 2,5 Millionen Dollar und wechselte ins Sicherheitsdienstgeschäft. Dann dämmerte ihm, dass Wachmänner zwar gut waren, dass man ihnen aber einen Stundenlohn bezahlen musste. Alarmanlagen hingegen boten einen Wachdienst rund um die Uhr und ohne Kaffeepausen. Er kaufte also eine Alarmanlagen-Firma. Dieses Unternehmen führte zu einem anderen Unternehmen, und bald besass er die Hälfte aller Alarm-Firmen in Los Angeles.

Seine erste Frau, Mutter seiner zwei Söhne und seiner Tochter, sagte ihm, dass sie ganz zufrieden in ihrer 30 000-Dollar-Eigentumswohnung in Culver City sei. Monat für Monat kam sie mit einem Budget von 1 600 Dollar aus. «Sie war eine sehr sparsame Frau. Sie wollte, dass ich unsere fünf Millionen Dollar auf ein Konto lege, damit wir glücklich von den fünfzigtausend Dollar Zinsen pro Jahr lebten.» Sie verstand nicht, was ihn antrieb. Er ging nach Vegas, wo er sich mit seinen eigenen Damon-Runyon-Figuren herumtrieb und Pläne machte, wie er noch grösser werden könnte. Er packte seine Sachen und verliess Frau und Kinder. Es war keine Midlife-Crisis, versicherte er mir. Er war kaum, wenn überhaupt, auf Brautschau. Eines Tages, er war gerade auf der Suche nach einer Marketing-Person, bekam er einen Anruf von Lynda Sinay, die in der Werbebranche arbeitete. Lynda war in ihren späten Zwanzigern, beinahe zehn Jahre jünger als Stewart, und Mutter von zwei Kindern. Sie hatte sich vor Kurzem scheiden lassen und konnte sich ein Leben in Culver City nicht vorstellen. Ihr Vater war Jack Harris, ein Filmverleiher. Als Lynda fünfzehn war, zog er mit der Familie nach Los Angeles, um Filme zu produzieren. Einer seiner Filme, The Blob, wurde ein Kult-Klassiker, und sie wohnten in einem Haus an der Westside mit zwei Rolls-Royce in der Garage.

Mit neunzehn hatte Lynda ihr Studium abgebrochen, einen Zeitungsanzeigen-Mann geheiratet und ihre eigene Werbeagentur gegründet. Sie wollte sich nicht damit zufriedengeben, nur die gewöhnlichen reichen Geschäftsleute auf ihrer Kundenliste zu führen, und beabsichtigte, sich mit berühmten Schauspielern und Künstlern und im öffentlichen Leben verkehrenden Intellektuellen zu umgeben. 1968 liess sie sich scheiden und liierte sich mit Anthony Russo, der mit dem Militäranalysten Daniel Ellsberg zusammen für die Denkfabrik RAND in Santa Monica arbeitete. Aus einem Safe hatte Ellsberg die Pentagon-Papiere geklaut, die geheime Geschichte darüber, wie ein Präsident nach dem anderen die Öffentlichkeit belogen hatte, um das ganze Versagen im Vietnam-Krieg zu verschleiern. Russo und Ellsberg brauchten einen Ort, um die 7 000 Seiten zu fotokopieren, und Lynda stellte gerne die Xerox-Maschine in ihrer Werbeagentur in der Melrose Avenue zur Verfügung. Zwei Wochen lang machten sie zu dritt Tag und Nacht Kopien. Als ein Exemplar des Dokuments der *New York Times* in die Hände fiel, kam Lynda ins Visier der Bundesstaatsanwaltschaft, bis diese feststellte, dass Lynda weniger radikal als dilettantisch war.

Stewart musste Lynda nicht lange den Hof machen. Sie wussten beide, was sie wollten. 1972 heirateten sie und verkauften das Alarmanlagen-Unternehmen für 100 Millionen Dollar. Er wollte in der Dienstleistungsbranche bleiben und hörte von seinem Arzt, dass Teleflora, das riesige Blumenlieferunternehmen, zum Einkaufspreis zu haben war. Lynda kam auf die Idee mit «Blumen im Geschenk». Rosen sind kurzlebig, war ihre Argumentation, aber die Teekanne oder die Giesskanne, in der die Blumen ankommen, ist eine bleibende Erinnerung. Das Konzept veränderte die Branche. Sie gewann einen Effie in Gold, den Oscar in der Werbebranche.

In den späten 1970ern suchte er nach einer Absicherung gegen die Inflation. Sein Buchhalter empfahl ihm, Wohnungen zu kaufen. Er könne dann die Mieten im Schlaf einstreichen. Aber er suchte nicht nach der Monotonie der Beständigkeit. Er hatte Lust, etwas zu riskieren. In den Ferien in Südfrankreich hörte er von einem Landwirtschaftsunternehmen namens Paramount, das einen Käufer für ein paar seiner Plantagen in Kern County suchte. «Die boten 1 000 Hektar Orangen- und Zitronenbäume und ein Packhaus zum Verkauf für ein Drittel des geschätzten Werts», sagte Resnick. «Es war einfach ein Parkplatz für Geld und ausserdem eine weitere Chance.» Er fuhr nach Delano, die Kleinstadt, in der Chávez und seine Gewerkschaft so viel Unruhe gestiftet und Geschichte geschrieben hatten. Als er wieder zurückfuhr, war er Zitronenzüchter. «Ich denke, ich habe neun Millionen Dollar bezahlt. Schauen Sie, ich bin aus Beverly Hills, ich konnte gutes Land nicht von schlechtem unterscheiden. Aber ich hatte ein paar gute Leute, die mich unterstützten.»

Er und Lynda beschlossen 1984, The Franklin Mint, den Hersteller von Gedenkmünzen und anderem Kitsch, für 167,5 Millionen Dollar zu kaufen. Sie wussten kaum etwas über das Unternehmen, ausser dass es Andenken für das Fünffache von Teleflora verkaufte. Nachdem sie die Münzen beiseitegeschoben hatten, brachten sie eine Scarlett-O'Hara-Puppe auf den Markt, deren Verkauf alleine 35 Millionen Dollar einbrachte. Sie boten Teller feil, Modeschmuck, Parfums und Modellautos. Sie gaben eine Gedenkmünze von Tiger Woods heraus, der 1997 das Turnier *The Masters* gewann. Der Golfer fühlte sich dadurch beleidigt. Er nannte die Münze gefälschten Plunder, zog vor Gericht und gewann. Bei einer Auktion ersteigerte Lynda für 150 000 Dollar *The Elvis Dress,* das perlenbesetzte Kleid samt Bolero-Jäckchen, das Prinzessin Diana bei einem Besuch in Hongkong getragen hatte. Die Designer bei Mint fertigten eine Porzellanpuppe mit einer winzigen Replik des Kleides, und zwar so präzise, dass Lynda sie die Perlen zählen liess, um sicherzugehen, dass diese den 22 000 des Originals entsprachen. Es war ein Hit. Der Jahresgewinn von Mint sprang auf nahezu eine Milliarde.

Die Banker mit ihrer Schönwetter-Finanzierung brachten Resnick zur Verzweiflung. Er stellte Bert Steir ein, einen Mann aus Boston mit einem Bronzestern aus dem Zweiten Weltkrieg und einem Abschluss von Harvard, der in den Westen kommen und seine Deals ausarbeiten sollte. Die Öl- und Versicherungsgesellschaften versuchten, ihre Farmen in Kern County abzustossen, wie Steir erfuhr. Dabei handelte es sich um Grundstücke, die 8 000 und 16 000 Hektar massen. ExxonMobil, Texaco und Prudential Life waren praktisch bereit, den Grund samt Bäumen abzugeben. So wurde Resnick zum Pistazien-, Mandel- und Granatapfelzüchter. Als er 2008 in seiner Villa sass, nannte er bereits mehr als 40 500 Hektar Plantagen, über fünf Bezirke verteilt, sein Eigen. Seine Bäume tranken das Wasser aus dem Central Valley Project und dem State Water Project, aus den Flüssen und Bewässerungskanälen und der Wasserbank. «Mein Leben dreht sich um Kalifornien. Ich bin hier zwar nicht aufgewachsen, doch ohne Kalifornien mit seiner Offenheit und seinen Chancen würde ich jetzt nicht da sitzen, wo ich sitze.»

Kein anderer Farmer, nicht einmal Gallo, hatte je einen Markt so beherrscht wie Resnick das Züchten, Kaufen, Verarbeiten und Verkaufen von Pistazien. Er hatte sich 65 Prozent der nationalen Ernte unter den Nagel gerissen. Eine der ersten Taten mit diesem Monopol war die Zerstörung der California Pistachio Commission, indem er dem Marketing-Konzern der Branche seine Finanzierung entzog. Er und Lynda wollten ihre eigene Werbung für ihre eigene Marke schalten. Es überrascht nicht, dass er in den Augen der unabhängigen Züchter und Verarbeiter ein Tyrann war, der danach trachtete, ganze Teams von Rechtsanwälten und Dutzende von Millionen Dollar zur Durchsetzung seiner Agenda einzusetzen. Ein Mitglied der Kommission erzählte mir am Vorabend ihres Niedergangs, «Stewart will ein wohltätiger Diktator sein. Doch wenn er denkt, man widersetzt sich ihm, dann fängt er an mit: ‹Niemand erkennt das Gute, das ich für die Landwirtschaft getan habe.› Dann fährt er fort mit: ‹Wissen Sie, wer ich bin? Wissen Sie, was ich bin? Ich bin Milliardär.› Er ist schrecklich launisch, er versucht, durch die Kabbala Kontrolle auszuüben. Dieses kleine rote Bändchen soll ihn daran erinnern, bis zehn zu zählen. Aber sein Ego – das lässt sich nicht kontrollieren.»

Resnick hatte das alles schon gehört. Er war der böse Bube der Landwirtschaft wegen keines grösseren Vergehens als dem, dass er gross war. «Schauen Sie, diese Farmer gehen zwei, drei und vier Generationen zurück. Ich bin ein Carpetbagger von Beverly Hills. Aber fragen Sie die Anbauer, deren Produkte wir verarbeiten, und die werden Ihnen sagen, dass jahrein und jahraus keiner einen besseren Preis anbietet. Keiner bewirbt ihr Produkt aggressiver.» Die Erklärung für seine Grösse war diese Ausdauer und vor allem ein gutes Timing. «Ich muss sagen, dass eine ganze Hälfte meines Erfolgs Glück gewesen ist. In der Landwirtschaft nehmen wir jetzt eine einzigartige Stellung ein. Die Pflanzen, die wir anbauen, können nur an wenigen Orten der Welt angebaut werden. Dennoch, nichts von all dem wäre ohne ein Quäntchen Glück geschehen.»

Was er und Lynda mit dem elenden Granatapfel angestellt hatten, war eine andere Sache. Sie pflanzten die ersten 250 Hektar, damals landesweit die Hälfte aller Granatäpfel, obwohl sie wussten, dass es null Markt dafür gab. Anstatt die Frucht als Frucht zu verkaufen, pressten sie die Kerne zu POMWonderful. Für den Fall, dass irgendjemand den gesundheitlichen Nutzen des Saftes anzweifeln sollte, investierten sie mehr als dreissig Millionen Dollar in die Forschung, um zu beweisen, dass er

Herzkrankheiten und Prostatabeschwerden bekämpfte. Die Antioxidantien, die mit jeder Portion 32 Gramm Zucker lieferten, waren nicht billig: 11 Dollar die Flasche. Lynda schickte die ersten Chargen POM Woche für Woche als Geschenk an David Bowie, Rupert Murdoch und Michael Eisner, den Chef von Disney. In der Oscar-Nacht verschenkte sie Kostproben an die Stars der «Vanity Fair»-Party. «Selbstverständlich kenne ich die ganze Welt», erzählte sie einem Reporter, «jeden Mogul, jeden Filmstar. Sie ahnen ja nicht, welche Namen auf meiner VIP-Liste stehen, die das trinken. Aber das allein bringt sie nicht dazu, eine zweite Flasche zu kaufen. Das tun sie, weil sie ihn lieben.»

Ein POM-Wahn folgte. Stewart und Lynda bepflanzten weitere 6000 Hektar und kauften eine Saftfabrik. «Wer hätte gedacht, dass die Leute ihren Barkeeper bitten würden, einen Pomtini zu mixen?», sagte er. All das war natürlich Lynda zuzuschreiben. Da stand sie im Vordergrund des Fotos, das ein Porträt von ihr im «New Yorker» mit dem Titel «Die Granatapfelprinzessin» zeigte. Sie trug einen schwarzen Hosenanzug mit zehenfreien silbernen Pumps und nur einem Schmuckstück um den Hals. Weiter hinten im Bild, unter den Augen einer drei Meter hohen Marmorgöttin, sass Stewart, Kopf nach unten, in einem Stuhl mit goldenen Fransen. «Sie wollte die Geschichte des Granatapfels erzählen», sagte er mit einer Spur Sarkasmus. «Lange Zeit bekam sie keine Anerkennung. Jetzt bekommt sie eine Menge Anerkennung.»

Ich kam zu zwei weiteren Gesprächen wieder, ehe er und Lynda sich in ihr 15-Millionen-Dollar-Ferienhaus in Aspen verabschiedeten, wo sie mit den Einwohnern wegen eines Wohnbauprojekts für Gemeindearbeiter, das ihnen die Aussicht nahm, einen Streit führten. Als sie nach Beverly Hills zurückkamen, hatte er das Interesse an einem Buch über sein Leben verloren, zumindest an dem, das ich schreiben würde. Ich bewahrte meine Notizen und Bänder auf und wartete auf einen anderen Tag.

3. DIE FARMARBEITER

Lost Hills liegt an einem Hang. Das trifft Hills wohl am ehesten. Die Hauptstrasse ist der Highway 46, der sich durch die Mitte der Stadt schneidet. Am östlichen Ende, wo der Highway auf die Interstate 5 trifft, muss der Reisende sich entscheiden. Days Inn oder Motel 6. Carl's Jr., Subway, McDonald's, Wendy's, Love's oder Arby's. Von der Umsatzsteuer geht nichts an die Stadtverwaltung, weil Lost Hills keine Stadt ist. Der Ort ist ein zu Statistikzwecken definiertes Siedlungsgebiet, anders gesagt, der Bezirk Kern County hat allen Grund, ihn zu vernachlässigen. Der Highway 46 schiesst an Resnicks Mandelbäumen vorbei und bringt dich geradewegs in die Stadt, 1938 Einwohner. Die Tumbleweeds auf offenem Gelände lassen ahnen, wie Lost Hills aussah, bevor das Aquädukt einen Fluss hierherbrachte.

Die Julisonne brennt erbarmungslos, und ich fummle lang genug am Schalter der Klimaanlage herum, um an der einzigen Ampel der Stadt und dem Aquädukt vorbeizuziehen. Ich bin in einem anderen Land, eine Fläche von harter, hässlicher, zerkraterter, sandfarbener Erde. Hunderte von riesigen Gottesanbeterinnen stehen auf Plattformen aus Beton und fördern Öl aus einem Chevron-Ölfeld. Das ist das westliche Ende von Lost Hills, das Ölbohr-Ende. Der Wind wirbelt den Schmutz von Ölgewinnung und Mandelernte auf, und die Staubwolke zieht zurück in die Stadt, wo sie sich zuerst über der Grundschule entlädt.

Ich parke das Auto und gehe zu Fuss auf ein paar verstreut liegende, aus Putz und Wellblech schnell zusammengeklatschte Gebäude zu. Ein Fleischer, eine Autowerkstatt, eine Schwimmhalle und eine Einkaufspassage. Niemand ist draussen unterwegs. Die Leute arbeiten entweder in der Hitze oder sie verstecken sich vor der Hitze. Drei Hunde mit einem Pitbull-Anteil, und zwar dem bedrohlichen Teil, haben die Hoffnung auf Schatten aufgegeben und liegen auf offener Strasse. Ihre Zungen hängen bis zum Knie. Ich gehe in den Supermarkt El Toro Loco, und der Angestellte führt mich zu einem Büro im hinteren Teil des Ladens, wo ein tabakkauender Jemenit namens Anthony Hussein unter einem Foto seines Onkels in US-Armee-Uniform sitzt. Der Onkel starb mit zweiundzwanzig Jahren im Krieg in Afghanistan. «Fragen Sie nur», sagt Hussein und leert dabei eine Dose Rockstar, «was wollen Sie wissen, Sir?»

«Wie ist es hier während der Dürre gewesen?»

«Dürre oder keine Dürre, das macht keinen Unterschied. Das Aquädukt wurde mit Steuergeldern gebaut, ja? Das Aquädukt bringt das Wasser, ja? Also gehört es allen, richtig? Aber das ist Wasser für Mr. Resnick. Nicht für die Leute. Wenn es einmal nicht kommt, findet er einen Weg, damit es kommt.» Er spukt Tabaksaft in die leere Rockstar-Dose. «Die Schecks von Mr. Resnick, die die Arbeiter hier einlösen, sind seit Jahren dieselben. Und ich gebe ihnen immer das gleiche Cash dafür. Nichts ändert sich. Die grossen Fische fressen die kleinen Fische hier. Kann ich sonst noch etwas für Sie tun?»

Er scheint es eilig zu haben, mich in den Hauptteil des Geschäfts zurückzuführen, wo frisches Obst und Gemüse, Fleisch, Wurst und Backwaren feilgeboten werden. Die Regale sind zum Bersten voll mit Piñatas, Handschuhen, Hüten, Baumscheren und abgepackten Weissbrotscheiben. Die Wand mit Pacífico- und 440-Milliliter-Dosen Budweiser wird jeden Tag neu aufgebaut. Vicente Fernández, der König der Ranchera-Musik, schmachtet für niemanden, aber das wird sich in dreissig Minuten ändern, wie Hussein mir sagt. Heute ist Zahltag, einer von zweien im Monat, und ich soll verschwinden, denn die Arbeiter kommen, um ihre Schecks einzulösen und fünfundzwanzig Prozent davon über die Grenze zurück an ihre Familien in Guanajuato und Guerrero zu überweisen, und sie würden sich fragen, ob ich von der Einwanderungs- und Zollbehörde bin. Wenn das passiert, gehen sie ein Stück den Highway hinunter woanders hin, und er verliert den Dollar, den er pro 100 Dollar Scheckbetrag nimmt. «Das ist ein schlechter Tag», sagt er und scheucht mich nach draussen. «Sie sehen aus wie ein verdeckter Grenzkontrolleur.»

In meinem Wagen sitzend warte ich auf dem Parkplatz. Sie kommen in Chevy-Trucks und Dodge-Vans an und schwappen in Gruppen zu vieren oder fünfen heraus, mit ihren schweissbefleckten Kappen von den 49ers, Penn State oder den Yankees. Jedes Gesicht trägt seinen eigenen Verdruss. Die Zwanzigjährigen sehen aus wie Zwanzigjährige, die Dreissigjährigen wie Vierzigjährige, und die Vierzigjährigen wie Sechzigjährige. Egal ob es Sommer ist oder nicht, sie tragen Schichten von Hemden und dieselbe staubige Jeans ohne Marke. Oder wenigstens kann ich mir das durchs Fenster so zusammenreimen. Mit meinem Notebook gehe ich zu einem der Vans.

Ein Mann namens Pablo sitzt darin. Mit achtzehn kam er, das älteste von fünf Kindern, aus Mexiko. Er hatte, wie so viele andere, keine Papiere, nur eine Vorstellung davon, wie es auf dieser Seite der Grenze aussieht. Als man ihm sagte, dass sich dort Feld an Feld reihe, glaubte er nicht, dass es so viele Felder geben könne. Das war vor acht oder neun Jahren. Er lebt ein Stück weiter die Strasse hinunter, in Wasco, der «Rosenhauptstadt von Amerika», obwohl sich inzwischen auch die Rosen in Nüsse verwandelt haben. Er arbeitet das ganze Jahr über für Wonderful. Das heisst, er ist nicht den Diebereien eines *Labor Contractor* ausgesetzt, der als Vermittler zwischen dem Farmer und dem Arbeiter agiert und jede Fahrt und jeden Drink in Rechnung stellt und nicht immer den Mindestlohn bezahlt. Pablo schneidet und bewässert die Mandel- und Pistazienbäume und spritzt die Chemikalien, die nicht mit dem Hubschrauber versprüht werden können. Er verdient 10,50 Dollar die Stunde, und die Firma bietet ihm einen stattlichen Altersvorsorgeplan und eine Krankenversicherung.

Er ist den Resnicks, insbesondere «Lady Lynda», dafür dankbar. «Vor ein paar Monaten habe ich sie gesehen. Sie ist da und dort, aber nie habe ich sie aus der Nähe gesehen. Sie besitzt diesen Ort.» Dann erklärt er, was er mit besitzen meint. Fast alles, was man in dieser Ecke von Kalifornien anfassen kann, gehört Wonderful. Viertausend Menschen – mehr als doppelt so viel wie die Zahl auf dem Highway-Schild – leben in der Stadt, und drei von vieren sind auf den Lohn von Wonderful angewiesen. Alle bis auf ganz wenige kommen aus Mexiko. Auf den Feldern von Wonderful haben, wie er mir sagt, mindestens achtzig Prozent der Arbeiter keine oder gefälschte Papiere. Die

US-Einwanderungsbehörde hat hier kaum etwas zu melden. Vielmehr zählt die Autorität, mit der Wonderful ausgestattet ist. Es war Lynda, die sich mit dem amerikanischen Landwirtschaftsministerium zusammentat, um einundzwanzig neue Einfamilienhäuser und sechzig neue Reihenhäuser auf ein paar Hektar Land mit Mandelbäumen zu errichten, die Wonderful aus der Erde riss. In den Vierteln gab es keine Gehsteige; bei Regen mussten die Kinder durch den Matsch zur Schule gehen. Lynda liess Gehwege und Gullys, den neuen Park und ein Gemeindezentrum bauen, und sie liess die Strassen neu teeren. Daher ist die Art, wie Pablo *besitzen* verwendet, nicht unbedingt abwertend gemeint. «Als ich die Grenze überquerte und Lost Hills fand, gab es hier nichts», sagt er. «Jetzt ist hier etwas entstanden. Wir hatten Gangs und Morde, aber auch das ist besser geworden.»

Er ist zu El Toro Loco gekommen, um seinen Scheck einzulösen und ein paar Bier zu kaufen. Ich folge ihm in den Supermarkt, wo die Arbeiter in einer langen Schlange vor einem Plastikfenster stehen, hinter dem Hussein sitzt und die Kasse wie ein Kassierer auf der Rennbahn bedient. Als Pablo an der Reihe ist, gibt er Hussein einen Scheck über 437 Dollar, und Hussein zählt ihm 433 Dollar in bar auf den Tisch. Auf dem Weg nach draussen kauft Pablo einen Kasten Pacífico. Heute Abend wird er wie betäubt in einem der Stripklubs in Bakersfield sitzen und sich vielleicht einen geilen Lapdance gönnen.

Auf der anderen Strassenseite hat die Familie Soto ein neues mexikanisches Restaurant namens Gabby's gebaut, das jedes andere Geschäft in der Strasse mit seiner Fassade im spanischen Missionsstil in den Schatten stellt. Die Sotos haben sich einen Namen in Lost Hills gemacht, indem sie mit ihren Taco-Trucks auf die Felder gefahren sind. Angelica, eine von vier Schwestern, betreibt das Restaurant. Sie erzählt mir, dass ihr nicht allzu stiller Partner Lady Lynda ist, die aus Ärger darüber, dass es in Lost Hills kein richtiges Restaurant gab, an Angelica herangetreten war. Lynda hat ihr mit dem Design und der Farbabstimmung geholfen, aber sonst hält sie sich raus. «Sie kommt ab und zu vorbei, um zu sehen, wie der Laden läuft. Aber sie macht mir keinerlei Vorschriften.» Über die Details ihrer finanziellen Abmachung wollte Angelica lieber nicht sprechen. Die Eröffnung liegt über ein Jahr zurück, und immer noch schreiben sie rote Zahlen. Bisher hat Lynda Geduld bewahrt. Mit einem Restaurant, das Wonderful zu dem Zweck gebaut hat, die Firmenstadt von der Strasse aus attraktiver wirken zu lassen, ist man vielleicht etwas nachsichtiger als, sagen wir, mit Subway am anderen Ende der Strasse. Aber das bedeutet noch nicht, dass die meisten Leute in der Stadt es sich leisten können, hier zu essen. «Wir versuchen immer noch herauszufinden, wer unser typischer Kunde sein soll», sagt Angelica. Im Moment spielt sie Country-Western-Musik über das Soundsystem und versucht, eine Mischung aus Arbeitern von den Ölfeldern, Aufsehern von Wonderful und Reisenden auf den letzten Spuren von James Dean damit anzulocken.

Ich gehe aus dem Gabby's und folge einem gewundenen Betonpfad durch den neuen Wonderful-Park. Das Gras ist grün, fast schon blau, und die Bäume sind wie mit scharfer Klinge ausgestochen. Die 2,15 Hektar sind so makellos und stehen in so krassem Gegensatz zu der Stadt, dass das ganze wie ein Filmset wirkt. Sogar der Gemeindewassertank ist babyblau angemalt mit einer grossen Sonnenblume und einem Schriftzug darauf: «Du hast Lost

Hills gefunden!!» Am Nordende ist das Wonderful-Fussballfeld mit der Allwetterlaufbahn, den Stadionscheinwerfern, dem Kunstrasen und einer riesengrossen gelben Sonne, die auf dem Mittelfeld prangt. Am Südende ist das Wonderful-Gemeindezentrum, wo die Einwohner dazu gedrängt werden, dreimal in der Woche an Zumba und Core-Training-Programmen teilzunehmen, am Wochenende an Gesundheitskochkursen und Kulturausflügen, wie zum Beispiel der Besuch einer Show von Amerikas erster Latino-Tanzkompagnie.

Das sind eine ganze Menge Gesten, die man erst einmal verdauen muss. Beim Verlassen des Grundstücks drehe ich mich immer wieder um, um doch noch einen letzten Blick auf etwas Echtes zu erhaschen. Ich weiss nicht, wie Hershey die Stadt Hershey in Pennsylvania gegründet hat, aber hier ist Lynda allgegenwärtig – in jeder aufgemalten Sonne, jeder eingepflanzten Blume, jedem Grashalm. Der Gläubige und der Skeptiker streiten sich in meinem Kopf. Das ist ein Park für das Volk, damit die Leute eine Pause von ihrem harten Leben haben. Lost Hills hat endlich etwas, worauf es stolz sein kann. Das ist der Kuchen, den der König und die Königin unter ihren Leibeigenen verteilen. Es ist noch eine weitere Methode zum Ausbau ihrer Marke. Sogar Wonderful-Park schreibt sich mit demselben herzförmigen O, das die POM-Flaschen prägt.

Der Kompass in meinem Auto zeigt an, dass ich in Richtung Osten unterwegs bin. Doch das bedeutet in einer Provinz mit fünfzehn Millionen Bäumen eigentlich nichts. Jeder Quadratmeilenabschnitt ist in Blocks unterteilt, und jeder Block zählt eine genaue Anzahl von Reihen. Wenn die Plantagen eines Farmers 186 Quadratmeilen umfassen, kann es durchaus eine Herausforderung sein, den Landmann zu finden. Abschnitt, Block und Reihe ergeben keinen Sinn; er muss mich übers Handy und Wegweiser leiten. An meiner Staubwolke kann er ablesen, dass ich näher komme. Er ist ein angenehm religiöser Mann, wie sich herausstellt, dessen kurzes Haar schwarz wie Schuhwichse gefärbt ist. Ich frage ihn nach den Dienstleistungen, die er erbringt – Baumschnitt, Pestizide, Herbizide, Dünger, Wasser – und die kalibriert und gemessen werden können, damit auch die kleinste Einheit maximal profitabel ist. Mit Sicherheit ist niemand besser darin als Wonderful?

Er erklärt mir, dass Wonderful zu gross geworden ist, um sich noch um solche Präzision zu scheren. Soll der kleinere Züchter ruhig zwischen seinen Bäumen spazieren und sie Reihe für Reihe bewirtschaften. Wenn er um jeden Handgriff grosses Aufhebens macht, kann er 4 000 Kilo Nüsse pro Hektar produzieren. Im Gegensatz dazu zielt Wonderful auf die Mitte ab. Die Grössenordnung der Produktion – und die Fähigkeit, die eigenen Erträge zu verarbeiten, zu vermarkten und zu verkaufen – erlaubt es Wonderful, meist nur mittelmässig auf den Feldern und dabei höchst profitabel zu sein. Niemand verliert seinen Job, der nur 3 000 Kilo Nüsse pro Hektar nach Hause bringt. «Diese Bäume werden von einer Maschine geschnitten, die zuerst die eine Seite stutzt und dann die andere», sagt er. «Aber der kleinere Farmer benutzt noch eine Baumschere für seine wichtigsten Schnitte. Wenn er sein Handwerk versteht, kann die Schere einen Unterschied von 1 000 Kilo pro Hektar machen.»

Es ist Anfang September 2016, und Bataillone von schweren, von Wonderful-Maschinenparks verschickten

Geräten bearbeiten den Boden und erschüttern die Bäume. Das Pflücken keiner anderen Frucht lässt die Erde so erbeben wie das Pflücken von Mandeln und Pistazien. Eine Staubwolke verschmilzt mit anderen Staubwolken, bis der Himmel über dem Valley fahl wird. Am achten Tag der Ernte ist die Sonne ganz weg. Vor nicht allzu langer Zeit sahen wir unsere Stirnhöhlenentzündungen noch in einem zeitlichen Zusammenhang mit der ungeheuren Wolke von Entblätterungsmitteln, die am Ende des Indian Summer auf die Baumwollfelder niederging. Nun ist es die siebenwöchige Nussernte, die die Inhalierenden zum Vorschein bringt. All dieses Aufwirbeln ist eine Folge der Mechanisierung. Weil in den Mandel- und Pistazienhainen keine menschlichen Pflücker gebraucht werden, verbreitet sich durch die Nussernte viel mehr Staub als Geld. Löhne, die ehemals an die Arbeiter gingen, bleiben nun in den Taschen der Nussanbauer. Die Einkommenskluft zwischen den Farmern und den Landarbeitern ist seit den Weizenbaronen wahrscheinlich nie grösser gewesen. Züchter, die nur ein Zehntel so gross sind wie Resnick, fliehen in ihren Ferraris vor dem Staub an ihren Zweitwohnsitz in Carmel.

Ich folge einer der Erntemaschinen, als sie wie ein Panzer in eine Plantage rollt. Riesige, von einem einzelnen Arbeiter bemannte Zangen packen den Baum am Hals und beginnen ihn zu schütteln. In den nächsten zwei oder drei Sekunden prasseln die Mandeln wie Hagel herab. Die Vibration ist ein eindrucksvolles Stück Gewalt. Sie bewegt sich wellenförmig vom Stamm zum Ast zur Nuss und wieder zurück zur Erde. Das Rütteln und Schütteln würde eine geringere Spezies samt Wurzeln herausreissen. Wenn die Zwingen den Stamm wieder loslassen, liegen

8 000 Mandeln – die grünen äusseren Schalen teilweise geöffnet, das Fleisch in einem Leib aus Holz – auf der flachen, trockenen Erde. Etwa dreissig oder vierzig Mandeln lassen sich nicht zum Fallen zwingen. Dem Mann und seinen Zangen ist das egal. Der Mandelregen ist zum nächsten Baum gewandert. Sobald jeder Baum geschüttelt ist, bleiben die Nüsse zum Trocknen ein paar Tage auf dem Boden.

Ich gehe zu einem anderen Teil der Plantage und beobachte Phase zwei. In einem Staubwirbel bläst ein Arbeiter auf einer anderen Maschine die Mandeln von ihrem Fleck unter den Bäumen in die Mitte der Reihe. Dort bleiben die Nüsse noch ein paar Tage liegen – nicht länger, denn sonst greifen die Ameisen an –, um vollständig zu trocknen. Dann gehe ich weiter zum hinteren Ende der Plantage, wo ein Arbeiter, rittlings auf einem riesigen Mäher sitzend, eine noch grössere Staubwolke aufwirbelt. Er manövriert sein Gefährt die Mitte der Reihe hinunter, fegt dabei die getrockneten Mandeln auf und wirft sie in eine Fangvorrichtung. Der Inhalt jeder Fangvorrichtung, 230 Kilo Mandelfleisch, wird auf einer zwanzig Fuss hohen Förderanlage abgelegt und in einen Sattelschlepper geschüttet, der sie zu einem Wonderful-Verarbeitungsbetrieb transportiert.

Insgesamt werden neun Männer an fünf Maschinen diese Plantage in den nächsten vier Wochen leer pflücken. Für ihre Arbeitskraft nehmen sie elf Dollar pro Stunde mit nach Hause. Und wie schneiden die Resnicks dabei ab? Jeder Baum produziert zehn Kilo Nüsse. Jedes Kilo kostet im Grosshandel normalerweise 8,30 Dollar. Das sind dreundachtig Dollar pro Baum. Bis zum Ende der Erntezeit haben die Resnicks ihre Zangen an 4,4 Millionen Mandelbäume angelegt. Wonderful-Mandeln im Wert von annähernd 365 Millionen Dollar werden bis dahin von dem trockenen Himmel herabgefallen sein.

In der Stadt der Bäume komme ich an eine asphaltierte Strasse mit Bremsschwellen, die mich zur Pistazienernte führt. Die Rispen mit den Nüssen mit den gelb-grünen Spitzen, die an geweihartigen Zweigen hängen, berühren den Boden nie. Zwei Männer sitzen in getrennten Kabinen eines kleinen Traktors mit einer Zange auf der einen und einer Fangvorrichtung auf der anderen Seite. Ein Mann fährt und schüttelt den Baum, während der andere sicherstellt, dass die Büschel in die flügelartige Öffnung der Fangvorrichtung fallen. Die Vibration ist hier nicht so vehement. Während die Nüsse auf das Dach der Fangvorrichtung prasseln, verschiebt der zweite Mann die Trogrinne, sodass sie zu einem Förderband wird. Unter fortwährendem Rattern werden die Nüsse in eine Reihe von Behältern an der Rückseite des Traktors gefüllt. Es geht keine Zeit durch Warten verloren. Im Unterschied zur Mandel ist die Pistazie feucht und brennbar. Die Nuss muss schnellstmöglich vom Behälter in den Truck zum Bearbeitungsbetrieb befördert werden, um sie vor Verfärbungen zu bewahren. «Das ist eine grosse Ernte», sagt mir ein Feldarbeiter.

Insgesamt ernten 36 Männer an sechs Maschinen die Plantage in sechs Tagen ab. Jeder Baum produziert neunzehn Kilo Nüsse. Jedes Kilo wird im Grosshandel normalerweise für 8,50 Dollar verkauft. Rechnerisch ergibt das 162 Dollar pro Baum. Wonderful zählt sechs Millionen Pistazienbäume. Das ist eine Milliarden-Dollar-Ernte.

Der Truck fährt auf die endlose Weite des Highway 33 und folgt den Serpentinen des Aquädukts. Er fährt in Richtung der Wonderful-Fabrik dreizehn Meilen nördlich von Lost Hills, um seine Ladung abzusetzen. In zwei schwankenden, zur Sonne hin offenen Anhängern befördert er eine Ernte von 25 000 Kilo. Die Ladung ergibt 8 000 fertig bearbeitete Nüsse in nur wenigen Tagen. Ob bewusst oder unbewusst, er ist Teil der grössten Pistazienernte in der Geschichte. Trotz des Kampfs gegen die Trockenheit haben kalifornische Züchter 400 Millionen Kilo der grünen Nuss produziert. Das ist mehr als das Doppelte der Ernte, mit der Resnick geprahlt hatte, als ich ihn vor acht Jahren sah. Fast ein Drittel davon – die von Wonderful angebauten Nüsse, die von den Hunderten von Farmern, die zur Marke Wonderful gehören, angebauten Nüsse – kommen durch dieses Tor.

Die neue Fabrik, sie hat eine Grösse von sieben Super-Walmarts und wurde für 300 Millionen Dollar gebaut, erhebt sich aus einer Lichtung wie ein Schemen. Das von der Gleichförmigkeit der Plantagen betäubte Auge ist auf diesen Anschlag von 120 000 Quadratmeter Industrie nicht vorbereitet, obwohl die Palmen und Rosen entlang der Eingrenzung einen Übergang zu schaffen suchen. Hier werden die Pistazien, 400 Truck-Ladungen pro Tag bei einer fünfzigtägigen Ernte, gewogen, gewaschen, geschält, getrocknet, begast, sortiert, gesalzen, geröstet, verpackt und in alle Welt verschickt.

Keine Pfeife ruft zu den Mahlzeiten in dieser modernen Firmenstadt. Die Verleser, Sortierer und piepsenden Gabelstaplerfahrer machen sich auf zu einem blitzsauberen Café, wo der Wonderful-Salat – Brathühnchen, Blattsalat, Koriander, Pistazien und Mandarinenscheiben an einer Schimmelkäsevinaigrette – drei Dollar kostet. Lynda glaubt, dass wenn die 1 300 Arbeiter die richtigen Anregungen bekommen, sie dieselben gesunden Speisen vielleicht auch zu Hause zubereiten. Zucker tötet, erzählt sie ihnen. Er kostet alle sechs Sekunden ein Menschenleben. Was treibt den Blutzucker mehr nach oben als eine Dose Coke? Eine Mehltortilla. Esst stattdessen eine Maistortilla, mahnt sie. Sie hat eine Lebensmittelabteilung im hinteren Teil des Cafés eingerichtet und die Regale mit Traubenkernöl und anderen Produkten gefüllt, die sie mit dem Slogan «Gemüse in Whole-Foods-Qualität zu Walmart-Preisen» bewirbt. «Warum Traubenkernöl», frage ich Andy Anzaldo, Leiter Züchterbeziehungen und Fitnessfan, der die zusätzlichen Aufgaben eines Gesundheitsministers von Wonderful, wie man ihn nennen könnte, übernommen hat. «Die Forschung hat bewiesen, dass Traubenkernöl gesünder ist als Maisöl und Rapsöl und vielleicht besser verträglich als Olivenöl», antwortet er mir.

Der Grossvater von Anzaldo kam in den 1950er-Jahren aus Guadalajara im Rahmen des Bracero-Programms für mexikanische Gastarbeiter. Sein Vater arbeitete als Truckfahrer und brachte die Ernte in die Stadt. Anzaldo wuchs in Bakersfield auf und besuchte ein katholisches Gymnasium, wo er Fussball und Basketball spielte. Unter den Colleges wählte er das California Polytechnikum in San Luis Obispo auf der anderen Seite des Hügels und studierte im Hauptfach Landwirtschaftswesen. Die Resnicks holten ihn 1999 ins Boot, und jetzt arbeitet er für Lynda und berät sich täglich mit dem Firmenkoch. Vor fünf Jahren beschlossen sie, sich von Nachochips, Pommes frites und Softdrinks zu verabschieden. Die Reaktionen der Arbeiter waren nicht gut. An dem Punkt beschlossen die Resnicks, ihr Wellness-Konzept an ihre 4300 Angestellten im ganzen Valley genauso zu verkaufen, wie sie es mit ihrem Arbeitsplatzsicherheit-Konzept tun. «Wir haben die Sicherheitskultur verändert und wir denken, wir können dasselbe auch mit der Gesundheit tun», sagt Anzaldo.

Der spanische Reis ist kein Reis, sondern Blumenkohl, der so zubereitet wurde, dass er wie Reis aussieht. Auch der Pizzateig ist aus Blumenkohl. Ein Arbeiter kann immer noch einen Hamburger bestellen, aber er ist halb so gross wie der alte Hamburger und kostet sechs Dollar – doppelt so viel wie der Wildlachs mit Lauch an Rahm und rohem Spargelsalat. Welches Gericht die Arbeiter auch wählen, sie werden gebeten, nicht mit dem Essen zu beginnen, ehe sie nicht Lyndas neueste Mischung ins Auge gefasst haben: ein Quäntchen Apfelessig gestreckt mit Ingwer, Mandarinensaft und Kurkuma, wie Messwein in kleinen Plastikbechern serviert. Lynda glaubt fest, dass unser ganzes physisches Selbst im Darm beginnt. Um das mikrobielle Leben in unserem Verdauungstrakt zu verändern und krankheitserregende Entzündungen zu reduzieren, müssen wir wieder fermentierte Lebensmittel in unsere Nahrung aufnehmen.

Für den Fall, dass die Arbeiter den Nutzen der Enzyme in Apfelessig anzweifeln, laufen auf Video-Bannern ständig Botschaften über schlechte Essgewohnheiten, mit denen man brechen, und Körpermass-Indices, die man messen und erfüllen sollte. «Überdenk dein Getränk» ist der neueste Slogan. Coke, Gatorade und Monster Energy haben einen himmelhohen Anteil an Süssstoffen, aber lass dich auch nicht von SunnyD täuschen. «Mehr als die Hälfte unserer Angestellten sind fettleibig oder beinahe fettleibig», erzählt mir Anzaldo. «Einer von acht hat Diabetes. Man kann Diabetes nicht rückgängig machen, aber man kann ihn mit einem Blutzuckerwert zwischen 6,5 und 8 unter Kontrolle halten. Das ist unser Ziel. Die Krankheit in den Griff zu bekommen. Denn wenn wir sie nicht in den Griff bekommen, haben unsere Leute schliesslich ernsthafte chronische Gesundheitsprobleme und amputierte Gliedmassen.»

Anzaldo ist ein Mann, der ganz auf Ernst gepolt ist. Einmal gelingt es ihm aber, während des Mittagessens zu lächeln, als er von den 1150 Arbeitern spricht, die einen Bonus von bis zu 500 Dollar dafür erhalten haben, gemeinsam 6500 Kilo in zwei Jahren abzunehmen. Dennoch lässt sich der Grossteil seiner Arbeitskräfte von ihm nichts aufschwatzen. «Sie und ich, wir blicken auf diese Mahlzeit», sagt er. «Wildlachs und all diese von Grund auf zubereiteten Beilagen. ‹Wow. Das kostet nur drei Dollar?› Aber für viele Arbeiter ergibt es dennoch Sinn, diesen grossen, fetten Burrito von zu Hause mitzubringen.»

Ich hatte gesehen, was J. G. Boswell für die Stadt Corcoran getan hatte. Das Krankenhaus, das Altenzentrum und das Fussballstadion trugen die Signatur seiner Grosszügigkeit. Doch was die Resnicks für Lost Hills taten, erreichte einen Grad von Menschenliebe, den ich im Valley nie zuvor erlebt hatte. Sie waren ja kaum die ersten reichen Leute, die versuchten, einer Bürgergemeinde durch ihr Patronat ihre Vorstellung von einem besseren Leben aufzudrängen. Aber das hier war nicht der Resnick Pavillon im Los Angeles County Museum of Art. Das war Lost Hills, wo die Leute von der Wiege bis zum Grab von den Resnicks abhängig sind. «Es gibt hier vieles zu würdigen», sage ich zu Anzaldo, «aber wo endet Überzeugungskraft und wo beginnt Zwang?»

Als Amerikaner mit mexikanischen Wurzeln der zweiten Generation sagt Anzaldo, dass er die starke Umklammerung von Fast Food und Zucker aus seiner eigenen Familie kenne. «Wir sind sensibel dafür. Wir können nicht in demselben Mass auf Wellness bestehen, wie wir auf der Sicherheit der Anlagen bestehen. Gesund zu sein ist eine Wahl, die man trifft. Sind wir zu weit gegangen? Das Feedback, das wir erhalten, ist ‹Nein›. Tatsächlich denken einige unserer Arbeiter, dass wir noch nicht weit genug gehen.»

Für eine kurze Umfrage sind keine Arbeiter in der Nähe. Sie sind zurück am Nuss-Fliessband. Auf einer Facebook-Seite mit spanischen Postings geben sie einen Einblick «ins Leben in der Pistazienwelt». Sie bedanken sich für einen Arbeitsplatz, der anständige Löhne bezahlt und freien Zugang zu einem Wellness-Center bietet, zu dessen Personal ein Arzt in Vollzeit, ein Assistenzarzt, ein geprüfter Ernährungsberater sowie ein Ehe- und Familientherapeut gehören. Während der bezahlten Pausen machen sie ihre fünfzehn Minuten Zumba oder einen Spaziergang auf einem ausgewiesenen Pfad und knabbern dabei Früchte und Gemüse, die gratis für sie bereitstehen. Meistens können sie es aber kaum erwarten, bis die Nuss-Lawine zu Ende ist. «Noch ein Behälter», heisst es in einem Post, «Sooo müde» in einem anderen. «Noch eine Stunde und dann nichts wie weg von diesem Sch---ort.»

Auf dem Weg nach draussen treibt sie die Stimme in ihrem Kopf, Lyndas Stimme, dazu an, dem Wonderful Fitness Center eine Stunde mehr zu widmen. Dort bewacht ein Trainer eine Reihe von Laufbändern, Crosstrainern und Standfahrrädern. Es gibt eine Abteilung, wo sich Gewichte stapeln, und einen Yogaraum mit Matten auf einem Holzboden. Wenn die nächste Schicht zu Ende ist, erzählt er mir, füllt sich das Fitnessstudio mit Arbeitern, die den Cash-Bonus aus dem GetFit-Programm der Firma gewinnen wollen. Auf dem Whiteboard vor den Gewichten führen die grossen Jungs Listen über ihre Ergebnisse. Alle sind sie hinter Bobby her, der mit seinem 148-Kilo-Bankdrücken, 205-Kilo-Kreuzheben und den 150-Kilo-Kniebeugen das einzige Mitglied im 450-Kilo-Klub ist.

Im Kastanienrot des Sonnenuntergangs folge ich den Arbeitern zurück nach Lost Hills. Ihre aus ehemaligen Güterwagen gefertigten Häuser sind lila, blau, gelb und golden gestrichen. Die Farben nehmen in dem durch die Staubpartikel geradezu spektakulären Licht Glanz an. Entlang einer abgefahrenen Strasse stehen 100 Wohnwagen mit furnierverkleidetem Unterbau rückwärts gegen eine Plantage. Selbst wenn sie Räder hätten, würden sie nirgendwo hinfahren. Die Leute hier sind schon allzu weit gereist. Manche von ihnen haben 12 000 Dollar für ihren Wohnwagen gezahlt und Tausende mehr dafür ausgegeben, ihn herzurichten. Der hart gebrannte Boden steht nicht zum Verkauf. Sie zahlen 340 Dollar pro Monat für das Privileg, ein Stück davon zu mieten. Im Vergleich zu anderen Landarbeitersiedlungen, die ich besucht habe, ist diese weniger trostlos. Kein Müll, der sich hochtürmt und schwelt, keine Hühner, die Brösel aufpicken. Die Sureños-Gang hat zwar den Vordereingang gekennzeichnet, aber innerhalb des Geländes nichts markiert. Der herumliegende Schrott könnte viel schlimmer sein. Es ist der Graben am oberen Ende der Strasse, derjenige, der kein Wasser führt, aber voll mit alten Matratzen und ausgedienten Geräten ist. Von Wohnwagen zu Wohnwagen ist Schnur gespannt, und daran hängt die Wäsche von Vätern, Müttern und Kindern. Für die Geheimnisse einer Familie gibt es nur wenige Meter Raum. Hier und dort reisst ein Maulbeerbaum, die Baumkronen stark beschnitten, den rot verschmierten Himmel auf. Eine Frau namens Lupe steht oberhalb von mir auf der Holztreppe, die zu der Eingangstür ihres Wohnwagens führt. Sie ist klein und hat lebendige braune Augen und eine süsse, aber selbstbewusste Stimme. Ihr Mann, Manuel, wird in dreissig Minuten aufwachen, um sich für die Nachtschicht fertig zu machen. Unter künstlicher Beleuchtung schneidet, pflügt und bewässert er die Mandeln. Wie viele andere der Einwohner sind Lupe und Manuel als Nachbarskinder in einem Pueblo namens San Antonio tief im Staat Guerrero aufgewachsen, einer Gebirgslandschaft von dramatischer Schönheit. Sie waren erst kurz verheiratet, als Manuel vor fast zwanzig Jahren beschloss, über die Grenze zu gehen. Er arbeitete als Gärtner in Los Angeles und hörte dann erst von den Bäumen auf der anderen Seite des Bergs, wo das Leben um so viel billiger war. Er zog einen regelmässigen Job bei einem grossen Anbauer an Land und bezahlte einem Kojoten, einem Schleuser, ein Jahr später 5000 Dollar, um Lupe und ihren neugeborenen Sohn nach Lost Hills zu holen.

Sie erinnert sich, wie sie den Jungen ihrer Schwägerin, die gefälschte Papiere hatte, gab und zusah, wie die beiden die Brücke nach Kalifornien überquerten. Da Lupe keine Papiere hatte, folgte sie dem Kojoten noch viele Meilen weiter, bis sie an einen steilen Pass kamen. Zum Glück war der junge Mann freundlich. Bevor er sie verliess, damit sie ihren Weg alleine fortsetze, gab er ihr Wasser, Chips und Cheetos. Das Baby ist inzwischen ein zwanzig Jahre alter Student am Bakersfield College. Lupe hat noch zwei Töchter geboren, amerikanische Staatsbürgerinnen, die jetzt elf und sechs sind. Wenn sie sich durchsetzt, gehen die zwei später auch aufs College. «Wir erzählen den

Kindern von den Feldern, solange sie noch jung sind, damit sie sie im Alter nicht mehr kennenlernen müssen», sagt sie. Mehr als ein Dutzend Familienmitglieder sind Lupe und Manuel nach Lost Hills gefolgt. Ein Cousin ist erst letzte Woche angekommen. Verwandte haben seine Passage arrangiert und dem Schleuser die neue Rate von 12 000 Dollar gezahlt. Einen Teil seines Lohns legt er jeden Monat beiseite, um seine Schulden abzubezahlen. «Wir schicken jeden Monat Geld an unsere Familien, die wir in der Heimat zurückgelassen haben», sagt Lupe. «Und dann geht ein Teil unserer Ersparnisse an den Kojoten. Vorwärtszukommen kostet viel Arbeit.» Sie und Manuel konnten sich ihren Wohnwagen vor ein paar Jahren kaufen. Er verbringt viel von seiner freien Zeit damit, ihn herzurichten. Den Innenraum hat er ausgemalt und den Boden mit zweierlei gemustertem Linoleum verlegt – das eine markiert das Wohnzimmer, das andere die Küche. Die Decke aus verspachtelten Rigipsplatten bleibt ein Work in Progress.

Lupe entschuldigt sich, sie muss das Abendessen zubereiten. Die Schüsseln auf ihrem Küchentisch sind mit Weintrauben, Beeren, Bananen und roten und grünen Paprikaschoten gefüllt. Sie wäscht zwei Arten von Salat und schneidet eine frische Papaya auf, die sie unter die grünen Blätter mischt. Mir fällt auf, dass sie das Wasser lange laufen lässt. Ich frage sie, ob sie besorgt sei, Wasser zu verschwenden, angesichts der Trockenheit und der grossen Entfernung, die das Wasser zurückgelegt hat – zwanzig Meilen aus einem Brunnen in Wasco – und der Tatsache, dass die Kosten mit zunehmendem Verbrauch steigen. Bereits jetzt zahlen sie neunundsechzig Dollar pro Monat an den örtlichen Versorgungsbezirk. Sie erzählt mir, dass das Wasser gelb und faulig stinkend aus dem Hahn komme und sie ihm nicht traue. Die Familie benutzt es zum Duschen und Wäschewaschen und, wenn sie es lang genug laufen lässt, zum Gemüsewaschen und Reis- und Kartoffelkochen. Aber sie erinnert sich nicht daran, wann sie oder Manuel oder ihre Kinder es zum letzten Mal getrunken haben. «Es kommt wie Pisse aus dem Hahn», sagt ihre elfjährige Tochter.

Arsen, Bor und andere Salze werden aus dem Wasser gefiltert, und die monatlichen Tests weisen keine Verletzung der nationalen oder bundesstaatlichen Standards nach. Das hat die Leute von Lost Hills allerdings nicht überzeugt. Lupe sagt, dass keiner aus ihrer Familie und keiner ihrer Freunde hier in der Wohnwagensiedlung oder auf der anderen Seite der Stadt das Leitungswasser trinkt.

In einer Küchenecke stapeln sich an der Wand kistenweise Wasserflaschen. Das sind Spenden von anderen Landarbeiterfamilien, aber sie sind weder für sie und Manuel noch für die Kinder. Ihr Schwager wurde vor Kurzem bei einem Autounfall auf dem Highway 46 getötet. Er war auf dem Weg zu den Feldern, als gleichzeitig ein anderer Landarbeiter, im Bierrausch, von den Feldern nach Hause fuhr. Der nüchterne Mann starb. Was sollte man einer trauernden Witwe und ihren fünf Kindern in Lost Hills anderes schenken als Trinkwasser?

Im Wohnwagen nebenan lebt Lupes Cousine, Margarita, mit ihrem Mann Selfo und den drei kleinen Kindern. Früher waren sie Bauern in San Antonio, wo sie Salat, Koriander und Radieschen auf einem kleinen Grundstück anbauten. Dann übernahmen die Drogenkartelle das Land und pflanzten Mohn. Eines Tages mähten bewaffnete Männer die Einwohner mit AK-47-Gewehren nieder und warfen Granaten in die mit Gemeindemitgliedern gefüllte Kirche. «Ich habe schreckliche Dinge gesehen», sagt Margarita. «Mein Mann wäre wie die anderen totgeschossen worden, aber er hatte Glück. Ein paar Minuten vor dem Massaker war er zur Arbeit auf den Maisfeldern aufgebrochen.»

Das war vor vier Jahren. Sie bezahlen immer noch die 27 000 Dollar Schulden bei ihren Verwandten ab, die den Kojoten engagiert hatten. Die Verwandten versuchen, sie nicht unter Druck zu setzen, und trotzdem wirkt das Ganze wie eine Form von Schuldknechtschaft. Selfo arbeitet fünfzig Stunden pro Woche als Bewässerer. Er verdient 10,75 Dollar pro Stunde. Das macht 2 000 Dollar pro Monat. Die Miete beträgt 540 Dollar. Das Essen kostet mehr. Das Benzin für die Fahrten von zu Hause zur Plantage kostet ihn achtzig Dollar pro Woche. Sie geben fünfzig Dollar pro Monat für abgefülltes Wasser aus. «Es bleibt nicht viel übrig», sagt er. «Unsere Verwandten haben viel Geduld gezeigt.» Er ist besorgt, denn es gibt jetzt nicht genug Wasser, um die Mandeln, Pistazien und Granatäpfel anständig zu bewässern. Er fragt sich, wie die Landwirtschaft im Bezirk West Kern wohl in zehn Jahren aussehen wird.

«Eine Menge Bäume vertrocknet», sagt er. «Das Land verwandelt sich zu Salz. In einer Plantage stirbt die Hälfte der Bäume.»

Auf der Suche nach sterbenden Bäumen war ich die Felder von Wonderful in West Kern alle abgefahren. Ich hatte keine gesehen. «Wegen Wassermangels?», frage ich. «Die Trockenheit?»

«Ja. Es passiert.» Die Bosse sprechen nicht darüber, sagt er. Wenn ich mehr wissen wolle, dann solle ich mit

Lupes Bruder Gustavo sprechen, der seit fünf Jahren als Bewässerer bei Wonderful arbeitet und die Zukunftspläne des Unternehmens kennt.

Lupe geht mit mir zum anderen Ende der Wohnwagensiedlung, um Gustavo zu suchen. Er ist alleinstehend und mietet von anderen Familienmitgliedern ein Zimmer für 150 Dollar pro Monat. Lupe klopft, und er bittet uns herein. Das Zimmer riecht nach WICK VapoRub. Ein Jesus-Kreuz hängt vom Bettpfosten. «Willkommen in San Antonio del Norte», sagt er, «San Antonio im Süden gibt es nicht mehr.» Er ist ein kleiner, gut aussehender Mann mit einem Fleckchen schwarzer Haare unter seiner Lippe. Ich frage ihn, wie die Trockenheit Wonderful beeinträchtigt hat. Er sagt, seine Bosse haben ihn angewiesen, das Wasser bei jedem Bewässern zu reduzieren. Auch wenn es verrückt klingt, es gibt Pläne, 4000 Hektar Mandelbäume zu beseitigen. Wenn der Regen zurückkommt, wird ein Teil des Bodens mit Pistazienbäumen, die der Trockenheit besser standhalten, neu bepflanzt. «Wonderful wird kleiner», sagt er.

Am nächsten Tag fahre ich zu einem Flecken, der ein paar Meilen ausserhalb der Wohnwagensiedlung liegt, wo die Bezirksstrasse an einer Granatapfelplantage endet, beziehungsweise an einem Ort, der eine Granatapfelplantage war, ehe eine Planierraupe angerollt kam. Bis auf den letzten Baum wurde alles aus dem Erdboden gerissen. Tausende Hektar Wonderful-Land lagen brach. Der Saft verkauft sich nicht mehr so gut wie früher. Die POM-Tanks, erfahre ich, haben einen Drei-Jahres-Vorrat gespeichert. Die amerikanische Bundeshandelsbehörde hat Wonderful wegen irreführender Werbung verurteilt und verfügt, dass die Resnicks aufhören zu behaupten, dass

POM Herzkrankheiten und Erektionsstörungen heile. Die städtischen Behörden haben beschlossen, dass diese Plantage und andere in unmittelbarer Nähe, die zu wenig Wasser haben, verschwinden können. In den letzten Jahren hat Wonderful bereits 3000 bis 4000 Hektar Granatapfelbäume platt gewalzt, um den Nüssen mehr Wasser zuzuleiten. Auf dem Feld schichtet eine schwere Maschine das, was von den Bäumen übrig geblieben ist, zu riesigen Haufen. Mit diesen Haufen wird eine noch grössere Maschine gefüttert, deren Zähne die Bäume zu Pulver verarbeiten und Sägespäne daraus machen. Ich parke das Auto und gehe durch die brach liegenden Reihen. Hier und da zermalmen meine Stiefel die vertrockneten Überreste von Granatäpfeln, die wie Kotklümpchen von einem Kojoten aussehen. Tropfbewässerungsschläuche aus Plastik ragen im falschen Winkel aus dem Boden. Zarte Triebe stechen aus der trockenen Erde, und ich bücke mich und spüre sie piksen. Es sind Baby-Tumbleweeds, die heimgekehrt sind.

4. DER PHILANTHROP

Ein riesiger Pistazienkern leuchtet auf dem grossen Bildschirm. Er bricht auf und heraus springt das Porträt von Stewart Resnick mit einer pistaziengrünen Krawatte. Als er selbst auf die Bühne tritt, trägt er enge schwarze Jeans, einen schwarzen Rolli und ein dunkles Jackett. Verdammt, er sieht noch jünger und fitter aus als bei unserer letzten Begegnung vor acht Jahren. Die neunte Wonderful-Pistazien-Jahresversammlung im Visalia Convention Center ist nur für geladene Gäste, aber es ist mir gelungen, mich hineinzuschmuggeln und einen Platz zu ergattern.

Alles ist für den Auftritt von Lynda, der Hauptrednerin, vorbereitet, aber zuerst will Stewart den jüngsten Rückruf von Wonderful-Pistazien durch die Bundesregierung ansprechen. Zwei Salmonellenerregerstämme, die in ihren Pistazien gefunden wurden, haben in mehreren Staaten zum Ausbruch von Krankheiten geführt. Die nationale Lebensmittelüberwachungsbehörde FDA hatte einen Warnbrief geschickt, und Wonderful versprach, die Chlorwerte in den Wasserbecken zu überprüfen. Soweit dem Unternehmen bekannt, konnte bisher noch kein Salmonellenerreger im Betrieb nachgewiesen werden. Dennoch, sagt Resnick, habe er aus dem Rückruf von nahezu sechs Millionen Kilo von mit Salmonellen behafteten Mandeln des Unternehmens im Jahr 2004 gelernt: Streite nicht mit der FDA. «Wenn die auf ihr hohes Ross steigen, dann diskutiere besser nicht mit ihnen.»

Er legt mit der üblichen Leier eines CFO über den Pistazienmarkt los. Der Inlandsumsatz ist um 42 Prozent gegenüber den letzten acht Jahren gestiegen, aber der Auslandsumsatz stagniert. Die Schuld gibt er dem Iran. Seit die internationalen Sanktionen vor fünf Jahren aufgehoben wurden, hat der Iran den Markt mit seinen eher buttrig schmeckenden Pistazien überschwemmt. Die Iraner bewässern ihre Bäume nicht. Sie vertrauen auf den Regen, der die aromatischen Öle konzentriert. China beispielsweise bevorzugt die persischen Pistazien. Ebenso die Israelis, die sich die Mühe machen, die Kerne neu zu verpacken, um nicht den Anschein zu erwecken, sie konsumieren das Produkt eines Feindes. Persische Pistazien tauchen in Tel Aviv als türkische Nüsse auf.

Den Marktanteil, der in Asien und Nahost verloren gegangen ist, versucht das Unternehmen mit seinem pikanten Latino-Nusssortiment in Mexiko wiederzugewinnen. Dank der 15-Millionen-«Knack los»-Kampagne von Wonderful – dem grössten Media-Einkauf in der Geschichte der Snack-Nüsse – rangieren die Pistazien inzwischen unter den Top Ten der meistverkauften salzigen Snackartikel in den USA. «Wir verarbeiten keine Nüsse mehr», sagt er, «wir erzeugen Nahrungsmittel.» Nichts hält die Preise so hoch wie ein Monopol. Sollten die Züchter Angst vor den Kartellbullen aus dem Justizministerium haben, so besteht hierfür kein Anlass. Seit Jahren machen die einen weiten Bogen um monopolistische Praktiken in der Landwirtschaft. Der Nettoertrag aus den Pistazien beweist, dass die Tatsache, dass Wonderful den Markt beherrscht, jedem Züchter hier im Raum zugutekommt. Der Preis für Pistazien ist von 9,90 Dollar pro Kilo auf unglaubliche 11,60 Dollar pro Kilo gestiegen. Der Preis geht nicht runter, weil er nicht zulässt, dass er runtergeht.

Dann gibt er Lynda ein Zeichen, die in einigem Abstand seitlich neben der schummrig beleuchteten Bühne steht. Ich habe sie nie aus der Nähe, nie in Aktion gesehen. Sie wirkt ein wenig nervös, als sie dort hinter der Kulisse wartet. 600 Pistazienzüchter in Bluejeans sind normalerweise nicht ihr Publikum. «Das Beste kommt zum Schluss», sagt er. «Wie ihr wisst, heisst unsere Devise bei Wonderful *Es geht uns gut, wenn wir Gutes tun.* Vor etwa fünf Jahren hat Lynda unsere Organisation zur Entwicklung der Gemeinde Lost Hills gegründet und seither ein erstaunliches Stück Weg zurückgelegt. Wir haben einen kurzen Dokumentarfilm gedreht. Jedes Mal, wenn ich ihn anschaue, fühle ich mich inspiriert und bin stolz auf das, was wir in so kurzer Zeit erreicht haben. Wir hoffen, euch gefällt *Lost Hills suchen und finden.*»

Der elfminütige Film beginnt mit einem Staubwirbel. Das war Lost Hills, bevor Lynda sich engagierte. «Ich hatte keine Ahnung, was ich tun wollte, aber ich war an einem Punkt in meinem Leben angekommen, wo ich auf sinnvolle Weise etwas zurückgeben musste», erzählt sie der Kamera. «Als mir die sozioökonomischen Probleme des Central Valley bewusst wurden, beschloss ich, keine weiteren Schecks für andere wohltätige Zwecke mehr auszustellen und meinen Geschäftssinn in das Projekt einzubringen. Es brauchte Zeit, den Respekt der Leute zu gewinnen, und ich hatte Angst. Was, wenn ich versagte? Wenn du dich in das Leben anderer Leute einmischst, und es funktioniert nicht, wird es ernst ... Es musste also funktionieren.» Sie stellte fest, dass die Dutzenden von Millionen Dollar, die sie für philanthropische Zwecke in Lost Hills ausgab, nicht nur zum Wohl der Menschen waren. Unterm Strich waren sie gut für das Ergebnis. Denn je mehr Geld man in seine Mitarbeiter und deren Gemeinden investiert, desto produktiver werden sie. Der Film endet mit dem Lachen von Kindern, die auf der gross aufgemalten Sonne in der Mitte des Fussballfelds spielen. «Ich habe die Stadt nicht getauft», sagt Lynda, «aber ich hätte keinen filmischeren Namen wählen können als Lost Hills. Es macht so viel Spass zu sagen, dass man Lost Hills gefunden hat.»

Der ganze Raum, voll besetzt mit Züchtern, applaudiert. Ich applaudiere auch. Da es ebenfalls wahr ist, dass Lost Hills die letzten dreissig Jahre lang den Resnicks gehört hat, hätte einer von uns herausplatzen können: «Warum haben Sie so lange gebraucht, es zu finden?» Beim Abspann des Films fällt mir auf, dass ein Credit fehlt. John Gibler, ein freier Journalist, fand Lost Hills ein Jahr vor Lynda. Im Sommer 2010 verbrachte er zehn Tage damit, den bejammernswerten Zustand der modernen Firmenstadt zu dokumentieren. Sein Bericht erschien im *Earth Island Journal,* einer kleinen, vierteljährlich erscheinenden Umweltzeitschrift aus Berkeley. Irgendwie ist sie Lynda in die Hände gefallen. «Hier gibt es nichts», erzählte ihm einer der Leute aus der Stadt. «Das ist eine vergessene Gemeinde. Und wissen Sie, warum? Weil die Einwohner ausschliesslich Hispanics sind.»

Der Artikel hat Lynda, wie ich erfuhr, verlegen und stinksauer gemacht. Es muss sie umso mehr verletzt haben, weil sie sich und Stewart für progressive Demokraten hielt. Im Laufe der Jahre hatten sie hohe Summen Geld für politische Kampagnen gespendet. Ein Teil davon ging an die Republikaner, die zugesagt hatten, die kalifornische Landwirtschaft zu unterstützen. Auf diese Weise machte ein Milliardär, der mehr Wasser brauchte, Politik. Im Kern jedoch trieb die Resnicks immer noch die Pflicht zur sozialen Gerechtigkeit an, nicht weil sie traditionell liberal, sondern weil sie säkulare Juden waren. Stewart bestritt, dass Giblers Bericht eine Rolle in ihrem philanthropischen Engagement spielte. «Schauen Sie, mich trifft keine Schuld. Ich habe kein grosses Unrecht in meinem Leben getan, das mich schuldig machte. Na ja, vielleicht ein klein wenig, aber das ist jüdisch.» Der zeitliche Ablauf liess etwas anderes vermuten. Nur ein paar Wochen nachdem der Artikel erschienen war schaltete Lynda ihre Mission zur Rettung von Lost Hills und anderen Landarbeiterstädten, wo Wonderful Plantagen und Verarbeitungsbetriebe unterhielt, in den höchsten Gang.

Sie bauen gerade einen 80-Millionen-Dollar-Chater-School-Komplex in Delano, unweit vom Chávez-Gymnasium. Kein anderer Campus im Valley sieht so aus: ein modernes, minimalistisches, zweistöckiges Design unter Verwendung von Holztäfelungen und Metallverarbeitungen, wilden Farben und terrassierter Gartengestaltung, um das Gefühl eines Hightech-Refugiums in den Bergen zu erzeugen. Nach Abschluss aller drei Bauphasen werden 1 800 Schüler das Gymnasium, die Mittel- und Grundschule sowie den Kindergarten besuchen. Was Lynda sich vorstellt, ist offenbar ein utopisches, von Plantagen umgebenes Dorf ähnlich den Utopien, an denen sich die ersten Träumer von Southern California versuchten. Junge Männer und Frauen von der Organisation Teach for America werden auf dem Campus ihre zweijährige Arbeitsphase absolvieren und im Dorf leben. Der Lehrplan wird von Noemi Donoso erarbeitet, die pädagogische Leiterin der öffentlichen Schulen in Chicago war, ehe Lynda sie bei Wonderful unter Vertrag nahm. «Lynda stellt nicht nur Schecks aus», erzählte mir Donoso, «sie gestaltet die Schule und sie gestaltet den Lehrplan.»

Lynda entwirft auch ein Vom-Feld-auf-den-Tisch-Programm, bei dem Schüler auf einem Stück Land Früchte, Gemüse und Korn anbauen. Eine voll ausgerüstete Lehrküche verwandelt die Ernte dann in Mittagessen. Bereits jetzt ist das Gymnasium voll mit Hunderten von Schülern, die mit Bussen aus den Landarbeiterstädten gebracht werden, die zu den ärmsten Gemeinden im Westen gehören. In der Abschlussklasse gibt es Schüler, die nach Stanford, UC Berkeley, UCLA, Dartmouth sowie an die staatlichen und Community Colleges gehen. Als Lynda erfuhr, dass die Hälfte der Schüler, die Tausende von Dollars an Unternehmensstipendien erhielten, die Schule abbrachen, liess sie sich nicht abschrecken. Sie stellt jetzt in allen Regionen

Kaliforniens Tutoren und beratende Lehrer bereit, um die Zahl der Schulabschlüsse hochzutreiben.

Für die hellen Köpfe, die kein Interesse an einem Bachelor-Abschluss haben, hat sie sich das Wonderful Agriculture Prep Program für weitere 1 000 Schüler ausgedacht. Um den Migrantenfamilien die Farm zu verkaufen, musste Lynda die Landwirtschaft umfirmieren. Es braucht sich nicht mehr um Zukunftsaussichten zu handeln, bei der die Mexikaner auf Händen und Knien rutschen. Im Rahmen ihres Programms, das die Landwirtschaft neu denkt, werden die Kids in Pflanzenwissenschaften und Bewässerungstechnologie, Marketing und Sales ausgebildet.

Jetzt steht Lynda persönlich vor uns, nur ein Licht über ihrem Kopf. Sie glitzert an Ohrläppchen und Finger. Ob es das Funkeln des gelben 15-Karat-Kanariendiamantenrings ist, den Stewart ihr zum 25. Hochzeitstag geschenkt hat, oder einer der granatapfelroten Rubine, die sie für die besten Freundinnen aller Mädchen hält, ist von der letzten Reihe aus schwer zu sagen. Sie gestikuliert vor den Schülern in der ersten Reihe, die sich für die Ag-Prep-Klassen angemeldet haben, und bittet sie, aufzustehen und sich vor dem Publikum zu verbeugen. «Sie sind unsere Zukunft», sagt sie. Sie ist fest entschlossen, dass deren Leben anders verlaufen sollen als die ihrer Eltern, ohne dies in irgendeiner Weise respektlos zu meinen. «Es ist keine angenehme Wahrheit, aber ich werde sie nicht überzuckern: Jeder zweite Erwachsene und beinahe jedes fünfte Kind in Kern County ist fettleibig. Und bei den Kindern in Kings County ist es noch schlimmer. Dreiundfünfzig Prozent unserer Mitarbeiter sind fettleibig, und zwölf Prozent davon haben Diabetes.» Die Züchter beginnen unruhig zu werden. Es ist nicht die Unruhe der Langeweile. Unbehagen macht sich im Raum breit. Das ist nicht die Lynda, die für Fotos mit Barbra Streisand posiert. Das ist die Lynda, die nun bestrebt ist, in einem Knecht mehr als nur einen Arbeiter zu sehen. Für die Züchter muss sich das wie ein Stoss in den Magen anfühlen. Sie hören mit gesenkten Köpfen zu. Ahnen sie die drohende Beschämung? Sie schlägt im klassischen Lynda-Stil zu. «Mit dem Programm Health and Wellness klären wir unsere Mitarbeiter über die derzeitige Gesundheitskrise auf. Auf dem Betriebsgelände haben wir unsere Fitnessstudios gebaut, und wir bieten dort Stretching- und Walking-Aktivitäten an. Wonderful zu sein bedeutet mehr, als nur das Beste vom Besten anzubauen, zu ernten und zu verteilen. Es bedeutet auch, zurückzugeben.»

Zusammen mit Stewart geht sie von der Bühne. Er verweilt lange genug in der Menge, um einem Freund aus Bel-Air die Hand zu schütteln, der auf dem schlechtesten Boden am Tulare-See Tausende von Hektaren Pistazien anbaut. Ich gehe zu ihm und stelle mich nochmals vor. Sein Gesicht ist ausdruckslos. Ich erinnere ihn an die Zeit, die wir vor acht Jahren im Sunset House zusammen verbrachten. Sein Gesicht ist immer noch ausdruckslos. Sein Partner im Mandarinengeschäft sagte mir einmal, wenn Stewart mit dir fertig ist, dann ist er mit dir fertig. Er und die Resnicks führten einen hässlichen Rechtsstreit, der ihre Marke Cutie in zwei Hälften riss. Der Partner durfte den Namen Cutie behalten, aber nur nachdem er den Resnicks Dutzende Millionen Dollar zahlte. Stewart und Lynda schufen eine neue Marke, Halo, aus derselben Sorte Mandarinen. Cutie und Halo führen nun auf den Feldern ausserhalb des Visalia Convention Center gegeneinander Krieg. Innerhalb des Gebäudekomplexes sieht eine Wonderful-Medienexpertin, dass Resnick gerettet werden muss. Geschickt schiebt sie sich zwischen ihn und mich. Als ich ihr meinen Namen nenne, flüstert sie ihm etwas ins Ohr. «Ah», sagt er, «Sie sind es also, der hier herumschnüffelt.» Sie fasst ihn am Handgelenk, und die beiden eilen auf dem kürzesten Weg zur Tür.

5. DIE GEHEIME PIPELINE

Selten schlaftrunken erreiche ich den Highway 99. Ich registriere die Meilen nicht als Strasse, sondern als Geschichte. Das ist die Strecke, die mein Grossvater nahm, einer aus einer Heerschar von Fruit Tramps, die in den 1920ern von Farm zu Farm wanderten und die Ernte einholten. Er hatte eine Anzahlung für eine Rosinen-Ranch westlich von Fresno angespart, wo mein Vater auf dem Höhepunkt der Grossen Depression geboren wurde. Mein Grossvater erzählte, er habe die Farm an die Rebzikade verloren. Meine Grossmutter sagte, es sei seine linke Politik gewesen, der dieser und alle anderen Weinberge zum Opfer fielen. Wie auch immer, wir wurden unsere letzte Farm ein paar Jahre vor meiner Geburt los und zogen dann in einen Vorort von Fresno.

Die Männer und Frauen, die die Früchte unserer Felder pflanzten, bewässerten, besprühten und pflückten, waren Phantome. Auf unseren Fahrten nach Disneyland über den Highway 99 muss ich Scheuklappen getragen haben. Damals sah ich weder die Tumbleweeds am Strassenrand noch den Streifen ausgedörrter Erde, der die Grenze zwischen den Überresten der Wüste und den präzisen Reihen bewässerter Landwirtschaft markierte. Unsere Schöpfung sah ich nicht und noch weniger sah ich die unter dem Dach aus Weinlaub gekrümmten Kreaturen, auf denen unsere Schöpfung gründete.

Es war dieselbe Strasse, die mich nach Selma brachte, die Weltstadt der Rosinen, wo ich für Mel Girazian, den alten Freund meines Vaters, Pfirsiche und Pflaumen verpackte. Ich war sechzehn und sein Verpackungsbetrieb war meine erste Stelle, meine Initiation in die von Geld regierte Welt der Männer, die Früchte anbauten, und derer, die sie verkauften. Die Züchter standen regelmässig vor dem Förderband für Ausschussware und jammerten unablässig darüber, wie viele ihrer Früchte von den Sortierern bei Girazian ausgemustert wurden. Damals erfuhr ich, dass unsere Farmer dachten, die ganze Welt wolle sie über den Tisch ziehen.

Vielleicht zeigt das, warum die gemeinnützige Organisation United Way das Valley zu einem der Geizhälse Amerikas erklärte, wo die reichen Farmer an das Kinderkrankenhaus oder die Fresno State Athletics spendeten, aber fast nie an die Gemeinden mit all den Mexikanern, wo ihre Früchte wuchsen. Tief in ihrem Inneren hegt die Berufsgruppe der Farmer und Immobilienentwickler Verachtung für das, was sie geschaffen haben. Sie verdrängen die Tatsache, dass es auf der Unterwerfung von mexikanischen Bauern beruht, die sie selbst hergebracht haben. Es ist wie etwas, das sich auf den Feldern gleichsam wegdiskutieren lässt. Sobald sie ihren Arbeitern in anderer Gestalt begegnen – als Mitkunden bei Costco oder als Eltern des Kindes, das mit ihrem Kind zur Schule geht –, wandelt sich diese Verachtung. Sie wird zu Hohn, denn sie dürfen nicht zulassen, dass daraus Mitleid oder Selbsthass wird.

Ich überquere die Grenze des Bezirks Tulare, und als ich in Richtung Süden nach Bakersfield fahre, ragt vor mir, nicht zu übersehen, die Wonderful-Anlage für Zitrusfrüchte mit dem vierstöckigen Lagergebäude in Form einer allmächtigen Halo-Mandarinenkiste auf. Ausgedacht hat sich das Lynda. Der Bau hat ein Vermögen gekostet; ihn zu beleuchten ein zweites Vermögen. Ich bezweifle, dass die Resnicks eine Ahnung davon haben, dass Eiter diesen Ort zerfrisst, dass eine Schande die nächste jagt.

Auf demselben Stück des Highway 99 schrieb ich einmal eine Story über Landarbeiter, die als Meth-Köche dazuverdienten, um ihr Leben zu bestreiten. Bruce Springsteen hat in seinem Album *The Ghost of Tom Joad* einen Song daraus gemacht. In mehr als einer Ballade ging es um das Valley, weswegen er nach Fresno kam. Das William Saroyan Theatre war an jenem Oktoberabend 1996 brechend voll. Bei der Hälfte seines Solo-Auftritts unterbrach er, um uns mitzuteilen, dass am Ausgang ein Sparschwein für Spenden an die «auf den Feldern hart arbeitenden Männer und Frauen» aufgestellt war. Am Ende des Konzerts brachte ich meine Frau und Kinder hinter die Bühne, um ihn zu treffen. Als wir uns setzten, flüsterte ihm eine seiner Assistentinnen etwas in sein juwelenbesetztes Ohr. Springsteen schüttelte den Kopf und verzog seinen Mund zu einem dünnen, ironischen Lächeln. Dann drehte er sich zu mir um. «Sag mal», fragte er, auch wenn es eigentlich keine Frage war, «was ist das hier für ein Ort? Kein einziger Penny wurde in dieses Sparschwein gesteckt.»

Ich fahre quer über die Twisselman Road zu der Pipeline, die wie eine silberne Schlange am Aquädukt entlanggleitet. Ich poche gegen beide Leitungen. Sie pochen zurück. Ja, sie führen immer noch Wasser. Wenn ich ihnen in Richtung Norden durch die Granatapfelplantagen der Resnicks folge, kann ich herausfinden, woher das Wasser kommt. Wenn ich ihnen in Richtung Süden durch die Mandelplantagen der Resnicks folge, kann ich sehen, wohin das Wasser fliesst. So oder so, es handelt sich um eine unerlaubte Übertretung. Ich steuere in Richtung Mandeln, vorbei an Arbeiterunterkünften und einem Haupttor. Ich fahre auf einen Maschinenpark, wo ein Wonderful-Landarbeiter neben einem Traktor steht. Weder bedeutet er mir wegzubleiben noch verfolgt er mich. Er weiss, was ich nicht weiss. Die Strasse endet abrupt, als sich ein zweiter Zaun vor mir aufbaut. Keine Möglichkeit zum Wenden. Ich setze zurück und lasse mein Fenster herunter. Er lächelt, aber er spricht nur Spanisch. Er weiss nicht, was Pipeline bedeutet. Doch wenn es das Rohr ist, dem ich zu folgen suche, so solle ich durch den Mandelhain fahren. Dann würde ich auf eine Strasse stossen, die mich dorthin bringt, wo auch das Rohr hinführt.

«Was macht das Rohr hier?»

«Es führt Wasser von einem fernen Ort zu einem anderen fernen Ort», sagt er.

Ich danke ihm und rase auf dem unbefestigten Weg durch die Mandelbäume, immer den Rückspiegel im Auge, um zu sehen, ob ein Truck von den Resnicks mir folgt. Meine Geschwindigkeit ist angesichts der tiefen Spurrillen zu hoch. Ständig schlage ich mit dem Kopf gegen das Schiebedach. Eine Minute später treffe ich wieder auf die Pipeline und folge ihr über die Distanz von etwa einem Fussballfeld. Jeder Rohrabschnitt ist vierzig Fuss lang. Ich versuche auszurechnen, wie viele hundert Aluminiumabschnitte nahtlos, oder wenigstens wasserdicht, miteinander verbunden werden müssen, um eine Strecke von einer Meile zurückzulegen. Genau vor mir sehe ich, wie aus dem letzten Rohrabschnitt eine Kaskade weissen Wassers in einen Hauptkanal stürzt, der dem Lost Hills Water District gehört. Ich springe aus dem Wagen.

«Regen zu vermieten», sagen die Rohre. Wenn Resnick jeden Tropfen aufbewahrt, presst er vielleicht 31 000 Kubikmeter Wasser pro Tag aus den beiden Rohren. Er benötigt nahezu das Vierzigfache pro Tag, 165 Tage lang – die Länge einer Wachstumsperiode von Nüssen –, damit seine Fluren in West-Kern reiche Ernte tragen. Dieser klägliche Rest an Wasser wird in Lost Hills nicht alles zum Guten wenden. Aber seine Verzweiflungstat lässt sich nicht leugnen. Es fliesst an einen Ort mit argem Durst. Denn, soweit ich sehen kann, läuft das Wasser im Kanal tiefschwarz durch die Plantagen. Weil die Strasse hier endet, kann man dem Lauf des Kanals auf keinerlei physischem Weg weiter folgen. Ich nehme mein Mobiltelefon zur Hand und streiche über Google Maps. Die Wasserlinie zieht sich meilenweit durch West-Kern. Dies ist einer der Wege, auf dem der Nusskönig und die Granatapfelkönigin der kalifornischen Dürre trotzen. Auf diese Weise werden im Land Wonderful die Bäume am Leben erhalten.

Ich rufe den Manager vom Lost Hills Water District an, der für die Resnicks arbeitete, bevor Stewart ihm die Zuständigkeit für den Bezirk übertrug. Er ist ein anständiger Kerl, der 216 000 Dollar pro Jahr verdient und nicht so tut, als sei er Wonderful nicht verpflichtet. Als Leiter einer halböffentlichen Behörde weiss er, dass er meine Fragen nicht einfach ignorieren kann. Er heuchelt keine Überraschung, als ich ihm von der Pipeline erzähle, tut es aber als Privatangelegenheit zwischen Privatpersonen ab. Erst als ich das Bezirksbewässerungsamt während einer öffentlichen Versammlung besuche, spuckt er mehr Einzelheiten aus. Ja, die Pipeline gehört Resnick. Sie bringt Wasser vom Dudley Ridge Water District nach Kings County. Er verwendet es zur Bewässerung seiner Mandeln und Pistazien in Lost Hills.

Ich suche einen ehemaligen Partner von Resnick auf. Von der Pipeline weiss er nichts, aber er weiss, dass Wonderful infolge einer Reihe von verdeckten Absprachen bis zu sechzig Millionen Kubikmeter Wasser pro Jahr kauft. Zu den Verkäufern gehören Farmer im Tulare-Seebecken, die so viel Wasser aus dem Boden pumpen, dass die Dämme, die die Stadt Corcoran schützen, sinken – und zwar nicht um Zoll, sondern um Fuss. Während der Dürre hat die Boswell Company zweiundfünfzig Löcher in den alten Seegrund gebohrt, wobei sieben von diesen Brunnen eine Tiefe von 2500 Fuss erreichen. Um Massnahmen gegen die Bodenabsenkung zu ergreifen und die Stadt bei der nächsten Flut trocken zu halten, müssen die Einwohner und das Staatsgefängnis zehn Millionen Dollar zusätzliche Steuern zahlen. Insgesamt hat Resnick 370 Millionen Kubikmeter Wasser von Farmern und Water Districts gekauft – für 200 Millionen Dollar –, um Engpässe während der Dürreperiode zu überbrücken.

Ich treffe mich mit dem Wonderful-Landmann, der mir zuerst den Hinweis auf die Pipeline gab. Er sagt, Resnick tue ihm nicht leid, denn er habe sich selbst in diese Klemme gebracht. «Das ist ein Unternehmen, das seine Ressourcen maximal ausschöpft. Wenn Resnick anpflanzt, pflanzt er seine Bäume dicht an dicht. Deshalb ist er in Schwierigkeiten.»

«Es gibt also einen Deal um privates Wasser?»

«Genau. Deshalb hat er die Pipeline gebaut. Er braucht jeden Tropfen, den er kriegt.»

«Wem gehört das Wasser?»

«Das wissen Sie nicht? Es gehört John Vidovich. Ein Milliardär kommt einem Milliardär zu Hilfe.»

«Aber die beiden hassen sich doch.»

«Nicht mehr. Die zwei und die Dürre sind jetzt dicke Kumpel.»

John Vidovich erzählt einem, dass er der Eindringling sei, der über das andere Gebirge gekommen ist, das Küstengebirge. Sein Vater züchtete damals, als die Stanford University noch aus gutem Grund als The Farm bekannt war, Weintrauben, Kirschen und Aprikosen im Santa Clara Valley. Er verkaufte den Gründern von Sunnyvale ein Stück Land und beschloss, den Rest selbst zu entwickeln. Sein Immobilienimperium wurde gross genug, um auch noch alle seine vier Kinder mit an Bord zu nehmen. Als er als alter Mann auf seinem Traktor in den Cupertino Hills starb, wo er wieder Trauben anpflanzte und Wein herstellte, war die Transformation seines Tals durch den Silikonchip abgeschlossen.

John, sein ältester Sohn, hatte als Geheimdienst-Offizier in der Armee gedient und an der Santa Clara Law School einen Abschluss in Jura gemacht. Die Sentimentalität seines Vaters war ihm fremd. Er betonierte dessen letzten Obsthain im Santa Clara Valley mit ein paar Wohnblocks zu und machte sich dann auf die Suche nach einem anderen Tal, wo er sein eigenes Reich gründen könnte. So stiess er auf den San Joaquin River. «Es gibt eine Menge Leute, die mich nicht mögen», sagte er nach dem Tod seines Vaters, «aber jeder mochte meinen Dad.»

Das war eine seltsame Feststellung, aber wahr. Der Sohn, einen Meter siebzig gross und schlank mit kurz geschorenem blondem Haar und blauen Augen, die einen nicht mehr loslassen, legt es nicht darauf an, sich beliebt zu machen. In einem noch kürzeren Zeitraum als Resnick hat der einundsechzigjährige Vidovich über 40 000 Hektar Anbaufläche übers ganze Tal verstreut aufgekauft. Er bestellt Land, das nie zuvor jemand bestellt hat. Die Analyse seiner einzelnen Schritte zeigt, dass seine Anhäufung von Hektar Methode hat. Egal um welchen Bezirk es sich handelt, Fresno oder Kings oder Tulare oder Kern, er schnappt sich Land, wo es reichlich Grundwasser gibt oder durch das ein Fluss fliesst oder wo sich das übers Aquädukt von Nord nach Süd geführte Wasser ergiesst. Lass dich von seinen groben Stiefeln, den Bluejeans und seiner Baseballmütze nicht täuschen, sagen die alten Hasen. Er bewirtschaftet nicht die Erde, sondern das Wasser.

Im Winter 2010 bot Vidovich die Hälfte seines Bezugs an staatlichem Wasser vom Dudley Ridge Water District zum Verkauf. Es handelte sich um mehr als siebzehn Millionen Kubikmeter. Jeder wusste, wohin es floss. Es floss in Häuser. Kalifornien hatte ein neues Gesetz verabschiedet, um dem Aus-dem-Boden-Stampfen von Städten mitten im Nirgendwo Einhalt zu gebieten. Die Bauherren mussten nunmehr zuerst eine Wasserquelle ausfindig machen, ehe die Stadt oder der Bezirk für das jeweilige Projekt grünes Licht gab. Die Bauherren machten sich also auf die Suche nach Wasser aus der Landwirtschaft. Resnick selbst hatte sechs Millionen Kubikmeter an eine neu geplante Stadt in den Feldern von Madera verkauft. Vidovich musste nicht lange auf eine Kaufanfrage warten. Die Mojave Water Agency in der tiefsten Wüste benötigte einen Reservespeicher für die wachsenden Gemeinden in Barstow und Apple Valley, Hesperia und Victorville. Die Behörde liess sich von dem Preisschild nicht abschrecken: 4,3 Dollar pro Kubikmeter. Vidovich ging mit vierundsiebzig Millionen Dollar in der Tasche nach Hause. Der Verkauf ging den Landwirten des Valleys unter die Haut. Es war tatsächlich so, dass die Landwirtschaft seit zwei Jahrzehnten Wasser aus dem State Project an Städte verkauft hatte. Allerdings handelte es sich bei diesen Deals um Verkaufstransaktionen zwischen zwei Wasserbezirken. Dieser Verkauf machte Schlagzeilen, weil er von einem Farmer – einem Fremdling aus der Stadt – einzig zu seinem eigenen Vorteil eingefädelt worden war. Doch damit noch nicht genug, der «gierige Hurensohn» (die Farmer nahmen Vidovichs Namen nur selten in den Mund) hatte die Absicht, seine 3 000 Hektar Nussbäume in Dudley Ridge zu behalten. Als Ersatz für das Wasser aus dem staatlichen Aquädukt, das er gerade verkauft hatte, musste er nur Grundwasser aus einem anderen Becken finden.

Vidovich ging auf Einkaufstour. Er kaufte 8 000 Hektar im Becken des Tulare-See – Land, das nicht einmal Boswell zu bewirtschaften wagte. Auch er hatte nicht die Absicht, es zu bewirtschaften. Aber diese 8 000 Hektar nahe der Stadt Pixley waren mit einer Gabe ausgestattet: ein kleines Stück Land, das unendlich viel Grundwasser produzierte. Es spielt dabei keine Rolle, dass dies eines der ausgepumptesten Becken in Kalifornien ist oder dass der Boden einen halben Fuss pro Jahr sinkt. Vidovich gräbt siebzehn neue Brunnen, einige davon mit einer Tiefe von 1 400 Fuss, und pumpt Grundwasser in Gräben und Kanäle, die den Strom meilenweit über das flache Seebett bewegen. Wohin fliesst das Wasser letztendlich? Genau dorthin – in den grossen Kanal des Dudley Ridge Water District. Er ist nicht nur dazu in der Lage, seine Nussbäume mit dem importierten Grundwasserstrom zu bewässern – fünfzig Millionen Kubikmeter in manchen

Jahren –, sondern er kann dieses private Wasser auch mit dem übrig gebliebenen staatlichen Wasser mischen und es an mindestens einen gestrandeten Nachbarn schicken, der bereit ist, den Preis zu zahlen.

Wer hätte gedacht, dass die zwei einmal gemeinsame Sache machen? Es ist noch gar nicht lange her, dass Vidovich versucht hat, Resnick Wasser wegzunehmen, anstatt ihm welches zu geben. 2008 warf er Resnick vor, mithilfe verschiedener Strohfirmen die Kontrolle über die Kern Water Bank an sich zu reissen. Sein Vorwurf lautete, dass eine öffentliche Ressource zu dem Zweck privatisiert worden sei, Nüsse auf Tausenden Hektar Land zu züchten. Die Sache war bereits auf dem Weg vor Gericht, als Vidovich Resnick einen Besuch abstattete. Sein Ego sei stärker gewesen als er, gab er zu. Wie wäre es, wenn er die Klage fallen liesse und sie gemeinsam an einer Lösung ihrer Wasserprobleme arbeiteten? Das sei alles schön und gut, erwiderte Resnick, aber was war mit der einen Million Dollar, die er für Rechtsanwaltshonorare ausgegeben hatte? Vidovich stellte einen Scheck über die gesamte Summe aus und suchte dann nach dem Wasser, um Resnicks Monopolstellung zu untermauern. Er fand es.

Mit dem Auto und zu Fuss verfolge ich die silberne Pipeline, die in Richtung Norden durch die Granatapfelplantagen von Wonderful kriecht. Eine Meile, zwei Meilen, drei Meilen, vier – sie verläuft bis über die Bezirksgrenze hinaus und dann zurück zu einem der Hauptkanäle im Dudley Ridge Water District. Eine Pumpe schiesst Wasser aus dem Kanal in die «Regen-zu-vermieten»-Rohre. Das Wasser ist kalt, sauber und salzig, aber nicht zu salzig für einen verzweifelten Mann. Oder zumindest stellt Vidovich es so dar, als ich ihn endlich erreiche.

«Diese Dürre hat Stewart in die Knie gezwungen. Was soll ich sagen? Wir haben in der Vergangenheit den einen oder anderen Kampf ausgetragen, und ich bin nicht mit allem einverstanden, was er tut. Doch wenn dein Nachbar seine Ernte zu verlieren droht, dann tust du für ihn, was du kannst.»

Ich sage Vidovich, dass das fast barmherzig klingt. «Von wie viel Wasser sprechen wir?»

«Ich möchte keine genaueren Angaben machen. Es ist nicht viel.»

«Wie hoch sind die Kosten?»

«Ich nenne Ihnen keine Zahlen. Nachbarn halten zusammen.»

Vidovich hat mehr als einen guten Grund, meinen Fragen auszuweichen. Farmer aus der Nähe von Pixley haben ihn schon einmal verklagt, weil er ihrem Boden zu viel Wasser entnommen und wegbewegt hatte. Gemäss dem gerichtlichen Vergleich darf er das Wasser nach Dudley Ridge leiten, aber nicht über die Grenzen von Kings County hinaus. Doch die Pipeline von Resnick tut genau das.

«Resnick holt das Wasser aus Dudley Ridge», sagt Vidovich. «Es ist seine Pipeline, nicht meine. Wohin er das Wasser bringt, geht mich nichts an.»

«Er leitet es in seine Plantagen in Kern. Das stellt einen Bruch Ihrer Abmachung mit den Farmern dar. Man darf das Grundwasser nicht von einem Becken in ein anderes ausführen.»

«Wie viel Wasser er auch immer nimmt, die Menge ist zu gering, es ist zu spät.»

Noch einmal versuche ich, ihn festzunageln, aber er ist ein Mann, der sich gern den Anschein eines schlauen Bauern gibt. Also frage ich ihn nach dem grossen Ganzen.

«Nennen wir doch das Kind beim Namen», sagt er. «Das ist Zocken. Stewart hat jahrelang gezockt und gewonnen. Er hat darauf gesetzt, dass der Nusspreis steigt, und er hat darauf gesetzt, dass das Wasser nie versiegt. Immer mehr Bäume hat er gepflanzt. Aber er ist zu gross geworden. Zu viele Pistazien. Zu viele Mandeln. Zu viele Granatäpfel. Wie die meisten Königreiche, so kommt auch seines an ein Ende.»

«Was ist dann mit Ihnen?», frage ich. «Was für ein Reich versuchen Sie zu errichten?»

«Ich bin hier, um dem Farmer zu zeigen, dass der Fussabdruck der Landwirtschaft kleiner werden muss.»

Ich lasse mir seine Antwort einen Moment lang auf der Zunge zergehen. Die Berechnung und Überheblichkeit, die dahinterstecken. Die Wahrheit, zu der ein Söldner gelangt. «Ich verstehe. Sie sind derjenige, der den anderen vormacht, wie man das Wasser aus der Landwirtschaft an die Städte verkauft. Man legt die Farm brach, bis der Fussabdruck immer kleiner wird. Und verdient dabei hunderte Millionen Dollar?»

«Das Land kann nicht länger bewirtschaftet werden wie bisher», antwortet er.

6. DAS NACHSPIEL

260 Hektar sehen nicht aus wie 260 Hektar - eine Quadratmeile -, bis sie beginnen, die Bäume auszureissen. Aus den weissen Blüten haben sich Knöpfe gebildet, und die Knöpfe sind zu flaumbedeckten Babymandeln herangereift. Jetzt ist der Bobcat-Bagger dran. Der grösste Farmer legt 4000 Hektar Land brach, weil er nicht genug Wasser hat, um die Nüsse bis zur Ernte damit zu versor-

gen. Seit Ausbruch der Dürre ist der Preis für Mandeln um etwa die Hälfte gefallen. In einem Gebiet, das flächendeckend gleichsam von Wand zu Wand bepflanzt ist, stürzt eine der Wände ein. Der Bobcat fährt mit Volldampf, und es braucht nur ein paar Sekunden grandioser Gewalt, um einen Baum zu entwurzeln. Der Farmer ist nicht hier, um das Aufbrechen des Holzes zu riechen, das Aufreissen der warmen, verborgenen Erde. Kein Farmer ist das je. Die Sentimentalen unter ihnen bleiben weg. Die Blutlosen unter ihnen bleiben weg. An dem Tag, an dem die Bäume leise auf den Plantagenboden fallen, ist niemand, ausser dem Mexikaner auf seinem Traktor, hier.

Dann zieht der Herbst 2016 so merkwürdig wie eine Wolke auf. Es beginnt zu regnen, grosse, dicke, peitschende Tropfen, die sich in meiner Handfläche wie Elektrizität anfühlen. In den nächsten fünf Monaten lässt es kaum nach. Die Dürre wird zur Flut – das ist die Geschichte von Kalifornien. Die Lauffeuer können nicht mehr weit sein. Dieser Winter geht als einer der nassesten in die Historiografie ein. Es kommt so viel Schmelzwasser den Berg herunter, dass es den Oroville-Damm beinahe wegspült. Der Damm hält letztendlich stand, ebenso die Deiche. All das neue Wasser ergiesst sich in das Delta, und was nicht in den Ozean fliesst, füllt das Aquädukt wieder auf. Das State Water Project liefert, zum ersten Mal in sechs Jahren, überschüssiges Wasser. Der Tule-Nebel legt sich auf das Valley. Die grosse Dürre ist offiziell vorbei. Kalifornien ist es freigestellt, wieder seiner Amnesie zu verfallen.

Wonderful hat genug Wasser, um seine Plantagen in Lost Hills zu bewässern und Hunderttausende von Kubikmetern in der Wasserbank zu parken. Die Resnicks bauen wieder an. Von der Ostseite von Tulare County bis zur Westseite von Fresno County pflanzen sie noch mehr Nüsse und Halo-Mandarinen an. Von den 9 000 Hektar, die sie während der Dürrezeit ausgerissen haben, werden 7 000 wieder mit Pistazien bepflanzt. Entlang eines Schwemmkegels des Kings River zeigt mir ein Rosinenfarmer in Selma seinen Brunnen, der Sand auswirft. Er deutet auf die jungen Mandelbäume, die seine acht Hektar wie ein Belagerungsring umschliessen. «Resnick», sagt er. «Mein alter Brunnen kann mit seinen neuen Brunnen nicht mithalten. Ich muss, falls möglich, tiefer graben.»

An der Sleepy-Farm-Strasse ausserhalb von Paso Robles versuchten die Resnicks, 150 Hektar Weinreben hinzuzufügen und ein kleines Grundwasserreservoir zu errichten. Einer der Nachbarn beobachtete angewidert, wie die Planierraupen gegen den Berghang rollten. Tausende von kalifornischen Eichen wurden gefällt. Erst nachdem die Medien alarmiert worden waren, hätten sie von dem Abholzen erfahren, behaupteten Stewart und Lynda. Im gesamten Anbaugebiet Central Coast boykottieren die Restaurants ihre Weine.

«Als wir von dieser schrecklichen Situation erfuhren, ganz zu schweigen von unserem schlechten Ruf in der Öffentlichkeit, waren wir beschämt, und es tut uns leid», heisst es in ihrer offiziellen Stellungnahme. «Wir sassen sozusagen schlafend am Steuer und sind entsetzt über diesen Mangel an Rücksicht für Nachbarn und Natur. Wir hoffen, dass die Öffentlichkeit unsere aufrichtige Entschuldigung annimmt und uns aus tiefstem Herzen vergibt.» Sie versprachen, die 150 Hektar der Wohlfahrt zu spenden.

Ich schreibe eine E-Mail an die Pressestelle von Wonderful. Einen Tag später erhalte ich einen Anruf von Resnick. Es ist über ein Jahr her, dass er mir auf der Pistazienkonferenz die kalte Schulter gezeigt hatte. Er schlägt mir vor, ihn in Lost Hills zu treffen.

Von Kopf bis Fuss steckt er in italienischen Kleidern. «Ich hätte ja meine Levi's angezogen», meinte er, «aber Lynda ist da und sie denkt, ich sehe aus wie ein Penner.» Wir stehen draussen in der Sonne vor dem Hauptsitz des Unternehmens, einem Gebäude, dessen klare Linien und Retromöbel ebenfalls Lyndas Fingerabdruck tragen. Er ist von einem halben Dutzend seiner Top-Leute umgeben, dieselben, die mir seit drei Jahren geschickt aus dem Weg gehen. Sie grüssen mich lächelnd und mit Handschlag. Ein Van hält auf dem Bordstein, und die Tür wird aufgeschoben. Resnick hat den Vordersitz für mich reserviert. «Sie sind derjenige, der sehen muss.»

Wir parken aus und fahren, an Palmen und Rosen vorbei, den schmalen Streifen des Highway 33 hinauf in den staubwirbelnden Tunnel von Nüssen und Früchten. Der korpulente Mann mit dem Ziegenbärtchen hinter dem Steuer ist Bernard Puget, Sohn eines baskischen Schäfers. Er hat die Aufsicht über diese Plantagen. Als wir aus dem Van hüpfen, um die Granatäpfel unmittelbar vor der Ernte zu inspizieren, deutet Resnick auf Bernards Bauch. Mit dem für den Borschtsch-Gürtel typischen Näseln stichelt er: «Bernard, was ist los? Bist du von dem Wellness-Programm der Firma befreit?» Bernard hat in der Tat ein paar Pfund verloren. «Ich hab abgenommen, Mr. Resnick», protestiert er, «ich hab abgenommen.»

Die lederne Schale um die Frucht ist hübsch orange-rot geworden. Jeder Busch ist mit über hundert Granatäpfeln so gross wie Softballs oder Baseballs beladen. Softballs kommen als ganze Früchte oder als Samenmäntel verpackt auf den Markt. Die Baseballs werden zu Saft gepresst.

«Die sind gut gefüllt», sagt Resnick. «Sehen schwerer aus als im letzten Jahr.»

Bernard lächelt und nickt den anderen zu. «Jetzt fischt er nach Komplimenten. Er denkt, ich habe die Ernte unterschätzt.»

Resnick greift nach einem Granatapfel, der ein blaues Band auf der Messe gewinnen könnte, und versucht ihn vom Baum zu drehen. Kein Glück. Er reisst und zieht, und endlich geht er ab, wobei es ihn einen Schritt zurückwirft. «Sicher, dass das nicht fünfunddreissig Tonnen pro Hektar sind?», reizt er den anderen.

«Er ist prall», sagt Bernard. «Doch auf jede grosse Frucht kommen ein paar, die diese Grösse nie erreichen.» Resnick sieht ihn auf seine ganz eigene Art an.

«Was? Sie glauben mir nicht?»

«Nein, ich glaube dir», sagt Resnick. «Es kommt so, wie es kommen muss. Wir verdienen trotzdem gutes Geld.»

Wir quetschen uns wieder in den Van und fahren weiter die Strasse hinab. Dann trifft es mich wie ein Schlag. Das ist nicht irgendeine Strasse, das ist die Twisselman Road. Bernard, man glaubt es kaum, fährt geradewegs auf das Aquädukt zu. Die Bergkuppe beginnt sich zu erheben. Ich starre aus dem Beifahrerfenster und suche nach dem Schimmern der Pipeline. Sie sollte genau hier sein, aber ich sehe sie nicht. Sie ist weg. Ich schaue zurück zu Resnick. Er bemerkt es gar nicht, jedenfalls scheint es so. Bernards Augen starren geradeaus. Er versucht, sich dumm zu stellen, aber ich sehe sein schlaues Grinsen unter seinem Schnauzer und Ziegenbart hervorspitzen.

«Sie ist weg», sage ich. «Wie ist das möglich?»
«Wir brauchen sie nicht mehr», flüstert er.

Zurück in der Fabrik, wo Lynda sich mit Wonderful-Ärzten, -Krankenschwestern und -Landarbeitern trifft, die alle Vorschläge machen, die dazu führen könnten, dass die Zahl an Angestellten mit Diabetes noch weiter absinkt. Stewart versucht zu unterbrechen, aber er hat in diesem Raum nicht das Sagen. «Fünfunddreissig Prozent unserer prä-diabetischen Bevölkerung gehören nun zur Gruppe der Gesunden», erklärt Lynda dem Team. «Sie sind nicht mehr gefährdet. Jetzt müssen sie aber gesund bleiben, nicht wahr? Also, wie können wir nächstes Jahr noch mehr herausholen?»

Er führt mich zu dem Café, und wir holen unser Mittagessen vom Buffet. Er faltet einen Zwanzig-Dollar-Schein aus einem Bündel, das von einer Büroklammer zusammengehalten wird, und wir setzen uns an einen Tisch in der hintersten Ecke. Eine Minute herrscht Schweigen, während wir uns aufs Essen stürzen. Ich spüre, wie sein Blick an mir vorbeigeht, wie seine Stimme eigentümlich sentimental wird.

«Wenn ich mich hier umsehe und auf das blicke, was wir aufgebaut haben, und dann auf mein Leben in New Jersey zurückschaue, dann denke ich: Wie war das möglich? Heutzutage könnten ein Mann und eine Frau wohl kaum noch so etwas aufbauen.»

50 000 Hektar Nüsse und Früchte und Beeren in Kalifornien, und es werden immer mehr. Sie haben die Dürre überlebt. Hat er eine Lehre daraus gezogen?

«Lehre», fragt er und klingt dabei verwundert. «Wer weiss schon, wann eine Fünf-Jahres-Dürre kommt? Wer ahnt, dass man eine Wasserbank nicht für sechs oder sieben Jahre auffüllen kann?»

«Ich bitte Sie!», sage ich. «Wir sind in Kalifornien.»

«Klar, aber im Geschäftsleben geht man gewisse Risiken ein. Und wenn man so viel Glück hat wie wir bisher, dann denkst du, dass du auch eine Dürreperiode überstehen kannst.»

Etwas hat er aber gelernt. Man kann nur eine begrenzte Anzahl Hektar Land ohne Grundwasser bewirtschaften. Von nun an bebauen sie Boden, der einen doppelten Schutz gegen Trockenheit bietet. «Das Wasser vom Staat oder vom Land ist nicht genug. Wir wollen auch gutes Grundwasser.»

«Sie meinen, keine Pipelines mehr, die im Schutz der Nacht Wasser transportieren?»

«Die Pipeline ...», er kommt ins Stammeln. «Sehen Sie, ich muss natürlich viele Dinge delegieren. Bestimmt wusste ich, dass wir dort eine Pipeline hatten. Aber mit solchen Dingen bin ich nicht befasst.»

«Wie viel Wasser hat sie hierhergebracht?»

«Um ganz ehrlich zu sein, ich weiss gar nicht, worum es sich handelte.»

Ich nehme einen letzten Bissen Blumenkohlreis. Man kann diese Frage natürlich mit mehr Nachdruck stellen, aber wozu? Es war genau diese Distanz – geografisch, psychisch –, die zuliess, dass er und Lynda die Eichen fällten und die unabhängige Pistazien-Kommission aus dem Weg räumten, dass sie sich eine staatliche Wasserbank unter den Nagel rissen und dreissig Jahre lang behaupteten, dass Lost Hills kein bitter bedürftiger Ort sei. Es war genau diese Distanz, die überhaupt erst zuliess, dass die beiden mehr Land und Wasser kontrollierten – 500 Milliarden Liter pro Jahr – als irgendein anderer Mann oder Frau in Kalifornien und immer noch glauben, es sei nicht genug. «Ich weiss, ich kann nicht ewig so weitermachen», sagt er. «Ich bin achtzig Jahre alt. Das Problem ist, ich fühle mich wie fünfzig. Ich fühle mich noch zu gut, um irgendetwas davon aufzugeben.»

Sein ältester Sohn ist im Ruhestand und lebt in Seattle. Sein zweiter Sohn ist Psychiater. Seine Tochter, die früher ein Restaurant führte, ist mit der Erziehung ihres eigenen Sohnes beschäftigt. Lynda hat einen Sohn, der als Musiker arbeitet, und einen zweiten Sohn, der bei der Geburt ein schweres Trauma erlitt und in einer Pflegeeinrichtung lebt. Die vier Enkelkinder haben die Plantagen ein- oder zweimal besucht. Kein einziges will auch nur irgendeinen Teil von Wonderful.

«Wer bekommt die Schlüssel zu dem Königreich?»

«Ich weiss es nicht. Alles, was ich weiss, ist, dass ich es nicht aufteilen oder im Rahmen eines Leveraged *Buyout* verkaufen will. Ich will Gewissheit darüber, dass das, was wir aufgebaut haben, in der Zukunft weiterbesteht.»

Er blickt auf seine Uhr. Er muss zum nächsten Meeting. Als er weggeht, fallen mir seine 400-Dollar-Sneakers auf, an denen der Staub aus San Joaquin klebt.

Ich verfolge die Strasse zurück, auf der ich gekommen bin, und überquere den alten Tulare-See, der durch die Flut anstieg und durch die Dürre absank. Vier Stämme der Yokut lebten an seinen Ufern. Auf dem seichten Grund fischten die Frauen mit ihren Zehen Muscheln. Während des Goldrauschs fingen die Netze der Chinesen Sumpfschildkröten, die in den besten Restaurants von San Francisco auf den Tisch kamen. Nachdem die Baumwollpflanzer vom Kapselkäfer aus dem Süden vertrieben worden waren, zwängten sie die fünf Flüsse in Kanäle und legten den See trocken. Sie schufen hier eine neue Plantage. Bevor er mit sechsundachtzig Jahren starb, erzählte mir der alte J. G. Boswell, was für ein Narr er und seine Vorfahren waren, Wasser, Sonne und Boden in Kalifornien zu verschwenden, um ausgerechnet Fasern zu gewinnen. Baumwolle wächst auf dem Seeboden immer noch, aber mit jedem Jahr weniger. Tausende Hektar von Pistazienbäumen erwarten jetzt die nächste Flut. Die Boswell-Pumpen reichen 750 Meter tief in die Erde und suchen Wasser, um Feldfrüchte anzubauen, suchen Wasser, um es zu verkaufen. Im Moment verkaufen sie es an Farmer wie Resnick, der den Preis bezahlen kann.

Die Extraktion von Wasser unter dem Seeboden wird nicht ewig fortdauern. Der Staat Kalifornien hat ein neues Gesetz beschlossen, das das Pumpen endlich reguliert. Sobald es voll wirksam ist, in ein oder zwei Jahrzehnten, wird eine halbe Million Hektar Anbaufläche im Valley wegfallen müssen. Dann wird Wonderful ein Portfolio unter dem Management von Leuten sein, die noch weiter weg sind als Beverly Hills. Das Wasser wird dem Land entzogen und an Bauträger von neuen Städten auf dieser und auf der anderen Seite des Bergs verkauft werden. Allein in meinem Leben ist die Bevölkerung in Kalifornien von dreizehn Millionen auf vierzig Millionen angewachsen. Nichts wird die Häuser aufhalten. Der Weizenkönig zeugt den Viehkönig, und der Viehkönig zeugt den Baumwollkönig, und der Baumwollkönig zeugt den Nusskönig und die Granatapfelkönigin. Wie das Wasser des Sees wird auch der Abdruck, den die Resnicks im Land hinterlassen haben, mit der Zeit zurückgehen. Die Yokut hatten ein Sprichwort, das besagt, dass das Wasser zurückkommt, wenn der Farmer die letzten Tropfen von der Schneeschmelze abgeschöpft hat. Es kommt nämlich als Tule-Nebel zurück, um den weissen Mann an seinen Diebstahl zu erinnern. Der Nebel ist unsere Geschichte.

Aus dem Amerikanischen von Eva Schestag

JURY-STATEMENT

«*Ein Königreich aus Staub* ist ein monumentales Stück, das den Leser auf eine lange Reise in die Welt der Trockenfrucht-Industrie in Kalifornien und die Machenschaften eines illustren Multimillionär-Pärchens mitnimmt. Es wirft mit einem beeindruckenden Reichtum an Themen ein durchdringendes Licht auf alle Aspekte des Handels: Umwelt, Wasser, vor allem Wasser und der rücksichtslose Kampf darum, Soziales, Finanzen und Politik.

Die jahrzehntelange Recherche, auf der diese Story basiert, das sorgsame Einweben der Geschichte Kaliforniens sowie Arax' Kenntnis von und Nähe zu der Kultur und den Orten, über die er schreibt, machen seine Arbeit besonders genau und verleihen ihr journalistischen Wert. Es liest sich wie ein Kapitel aus einem grossen Roman, erinnert auf wirklich eindrucksvolle Weise teils an Steinbeck. Letztendlich ist es eine ebenso universale wie amerikanische Erzählung, mit einzigartigen Porträts der Protagonisten und in erstklassiger Prosa verfasst.»

MARK ARAX

Mark Arax, 64, hat sein Berufsleben dem Schreiben über seine Heimat Kalifornien gewidmet. Sein Grossvater Aram pflückte Obst und Gemüse im San Joaquin Valley; sein Vater Ara wurde auf einer Rosinenfarm ausserhalb von Fresno geboren. *My Father's Name*, das erste Buch von Arax, verwebt die Geschichte seiner armenischen Familie mit dem ungeklärten Mord an seinem Vater, als Mark 15 Jahre alt war. Sein jüngstes Buch, *The Dreamt Land: Chasing Water and Dust Across across California*, ist ein nationaler Bestseller. *Ein Königreich aus Staub* erschien 2018 im «Californian Sunday Magazin». Arax hat nichtfiktionale Literatur am Claremont McKenna College und an der Fresno State University gelehrt. Der Vater von drei Kindern lebt in Fresno.

TRUE STORY AWARD 2019

3. PREIS DU QIANG

DER KLUB DER NUTZLOSEN

TEIL I
SCHWESTER HONG UND DIE SANHE-GÖTTER

Was ist der Mensch bereit aufzugeben, um ein freies, ungebundenes Leben führen zu können? Rund um den Tagelöhnermarkt in Sanhe, Shenzhen, existiert eine Gruppe von Menschen, die so gut wie alles aufgegeben haben, um sich eine schwarze Utopie zu schaffen. Diese «Sanhe-Götter» genannten Wanderarbeiter haben keine Familien mehr, keine Anstellung, keine sozialen Bindungen. Einige haben sogar ihren Personalausweis verkauft, um im Meer der Computerspiele untertauchen zu können. Es sind «nutzlose», aber auch absolut «freie» junge Leute. Der Journalist Du Qiang hat fünfundvierzig Tage unter ihnen verbracht. Über die Geschichte der legendären Schwester Hong und ihre Kunden eröffnet er uns eine unvorstellbare Welt.

STRICHER MIT ESPRIT

Am Rand des Sanhe-Tagelöhnermarkts lümmelt Bruder Shi in seinem Rollstuhl herum. Er ist zwar von der Hüfte abwärts gelähmt, wirkt aber so, als wäre er einfach nur ein bisschen müde und hätte einen Platz gefunden, um sich niederzulassen. Jedem, der an ihm vorübergeht, hält er seine Sammlung von Personalausweisen aus verschiedenen Provinzen wie Spielkarten unter die Nase. Zu seinen Verkaufsgesprächen gehören Kommentare über die Moral der jeweiligen Provinz und die Qualität der dortigen Mädchen. Nachdem ich ihm einen Ausweis abgekauft habe, versorgt er mich mit Tipps: «Na, junger Mann, bist aus keinem schlechten Stall, was? Wie wär's, wenn du dich als Ente[1] verdingst?» Mein fragender Blick lässt ihn

[1] Männliche Prostituierte nennt man in China umgangssprachlich «Ente».

fortfahren: «Reiche Tanten beschwatzen, ihnen etwas vorsülzen, damit sie ruckzuck auf dich abfahren!»

«Das nennt man sich verlieben, oder?», antworte ich.

«Viel zu profan. Nee, eine Ente mit Verstand sein, darum geht's, ordentlich Kohle machen.» Er spielt auf seinem Smartphone herum, bedeckt mit der rechten Hand das Display, wo eine Gewinnzahl nach der anderen angezeigt wird. «Shenzhen ist eine öde Stadt, verstehst du, den Leuten ist langweilig. Und damit machst du Geld.»

Während wir uns unterhalten, gehen ringsum die Lichter in den Internetcafés und Imbissbuden an. Wanderarbeiter, Zocker, Betrunkene und Stricher treiben sich mit teilnahmslosen Gesichtern in den Gassen herum. Eine Art Dorf in der Stadt ist hier entstanden, es grenzt an den Tagelöhnermarkt. Mit dreihundert Schritten hat man es von Süden nach Norden durchquert – in der Metropole, in der Häuser wie Pilze aus dem Boden schiessen, nimmt man von seiner Existenz kaum Notiz. Dabei ist es ein Ort wie kein zweiter: Wanderarbeiter frönen hier zu Zehntausenden einem freien, dekadenten Leben: die Sanhe-Götter. Nichts und niemand kann sich mit der Sinnlosigkeit ihrer Existenz messen.

«Das ist etwas für dich, lass dir das gesagt sein.» Bruder Shi versucht immer noch, mich von meiner Berufung zu überzeugen. «So rau und herzlos, wie es überall zugeht, braucht man wenigstens einen zum Kuscheln.» Vor einigen Jahren hat er seinen Heimatort mit zwei Millionen Yuan Schulden, etwa 300 000 Franken, verlassen, hat sich durch die Bordelle von Fujian bis Xinjiang gevögelt und wieder zurück. In all den Jahren, die er schon in Sanhe ist, hat er nie gearbeitet, seine Hauptbeschäftigung ist das Glücksspiel. Nebenbei verkauft er Personalausweise und

Bankkarten. Er versteht sich so gut darauf, Leuten Honig um den Bart zu schmieren, dass selbst seine Prostituierten ihm arglos ihre Papiere überlassen. Trotzdem erwägt er, nach Myanmar zu flüchten.

«Bah, Sanhe ist mir zu dröge geworden», schimpft er. «Früher gab es hier einen Haufen geiler Weiber. He, grosser Bruder, wie wär's, riefen die, und ich so: Hab zu tun, sorry! Und die: Komm, ich schenk dir eine Freifahrt.»

«Im Ernst?»

«Klar, bei Schwester Hong, nie von ihr gehört?» Er macht grosse Augen, als wäre es ganz und gar aussergewöhnlich, Schwester Hong nicht zu kennen. «Die hat Aids gekriegt und den Abgang gemacht», sagt er. Wäre sie noch am Leben, würde er trotzdem noch zu ihr gehen. «Sterben müssen wir sowieso, da kann man ruhig alles mal ausprobieren.»

Bruder Shi packt das Smartphone weg und nimmt seinen Rucksack, der am Rollstuhl hängt, auf den Schoss. «Kennt nicht einmal Schwester Hong!», murmelt er, während er davonrollt und sich unter den Menschenstrom auf der Sanlian Lu mischt.

Um Sanhe herum ist viel los. Hier passiert alles, was den Menschen am Menschsein verzweifeln lässt: Jemand wird, von einem weissen Tuch bedeckt, aus einem Taxi in einen Krankentransporter gehievt und mit Blaulicht davongefahren, ein Wanderarbeiter drischt auf einen Arbeitsvermittler ein und stösst ihn so brutal in eine Fensterscheibe, dass er sich die Adern aufschneidet und das Blut spritzt – und das wegen zwei Yuan zu wenig Lohn. Der Arbeiter nennt sich selbst den «wahren Gott von Sanhe», er fängt Streit an, wann immer ihm danach ist, «wenn einen der Hunger packt, muss man sich Luft machen», meint er, «einmal ordentlich draufhauen, und schon geht's dir besser».

Im Ostteil des Dorfs fällt einer, den sie Bruder Lederhose nennen, auf einmal vor Hunger in Ohnmacht. Wie ein Gekreuzigter liegt er da, sein Kinn ist beim Aufschlagen auf den Betonboden beinahe gebrochen. Seit zehn Tagen habe er nichts gegessen, weil keine gute Seele ein paar Yuan für ihn übrig habe, wie er sagt. Wenn ihn einer fragte, warum er denn nicht in den Mülleimern am Strassenrand nach etwas Essbarem wühle, zischte er wütend: «Das geht dich einen Scheissdreck an.»

Es gibt welche, die monatelang Computerspiele zockend in Internetcafés leben. Da es zu den ungeschriebenen Gesetzen des Viertels gehört, nicht nach dem Namen zu fragen, nennt jeder jeden «Schwanz». Ein solcher Schwanz schlich einmal frisch aus der Fabrik direkt ins Internetcafé, zockte dort rund um die Uhr, bis er kein Geld mehr hatte und der Inhaber seine Sachen zur Tür hinauswarf. Bis es so weit war, klebten ihm schon die Haare am Kopf, er stank furchtbar und stapfte so verstört durch die Gassen, als wäre ein Hochhaus eingestürzt. Ich habe einige gesehen, die ihre Personalausweise verkauften, ihr Blut oder nur ein Kissen, das sie auf der Strasse aufgelesen haben, um wenigstens einen Tag lang weiterzocken zu können. Manche würden sogar stehlen oder plündern, vorgekommen ist es schon.

Was die Zahl der Sanhe-Götter angeht, reden manche von mehreren Tausend, andere behaupten zwanzigtausend. Die Leute kommen und gehen, es ist unmöglich, sie zu zählen. Aber die achtzig sechs- bis siebenstöckigen Wohnblöcke in diesem Dorf, so viel lässt sich sagen, sind immer voller Menschen. In jedem Zehn-Quadratmeter-

Zimmer stehen sechs Doppelstockbetten, und auch im Park, auf der Strasse, in den Internetcafés sind überall Menschen. Fragt sich, wie sie alle hier gelandet sind. Sie diskutieren gern, zum Beispiel darüber, ob die Mädchen in Bantian oder Shawei billiger zu haben sind, oder wie man seinem Boss einen Eimer Scheisse über den Kopf schütten könnte, manchmal auch darüber, ob Donald Trumps Haar echt ist oder nicht. Nur über sich selbst wollen sie nie reden. Einmal versuchte ich, einem Wanderarbeiter, dem ich im Rahmen meiner Undercover-Rolle einen Personalausweis weiterverkauft habe, nachzugehen, um mit ihm zu reden, aber er drehte sich aufgebracht zu mir um und schrie: «Lass mich in Ruhe! Ich rede grundsätzlich nicht mit echten Menschen!»

Also ändere ich meine Taktik. Ab jetzt frage ich die Leute: «Kennst du Schwester Hong?», und schon werden sie gesprächiger. «Na klar, die ist tot.» – «Die ist viel zu alt, die fickt keiner mehr.» – «Und ob, mit der hab ich schon gevögelt, für nur dreissig! Sag, was du willst, die hat ein gutes Herz.»

Man bekomme sie heutzutage kaum mehr zu Gesicht, die Urahnin aller Sanhe-Götter, erzählen sie. Früher, als sie noch jung war, nannte man sie Ah Hong, erst später, als sie schon verblüht war, fing sie an, auf den Strich zu gehen. Wie eine Heldin sei sie über den Tagelöhnermarkt geschritten, immer mehrere Hundert Bewunderer im Schlepptau. Eine gute Frau sei sie gewesen, nie wählerisch mit ihren Kunden, nie knausrig mit der Zeit. Das Gegenteil von diesem Lao Wang, ein Aufseher, der bloss ein Zuhälter sei. Erst habe er den Kerlen einen Job vermittelt, dann, sobald sie ihren Lohn eingesackt hatten, zu seinen Mädchen geschleppt, um sie auszunehmen. Der sei so gierig, dass er jeden nach fünf Minuten mit einem Mädchen wieder von ihm runterziehe.

Früher gab es rund um Sanhe einen regen Strassenstrich, dann räumte die Polizei auf, und sämtliche Nutten machten sich aus dem Staub. Alle ausser Schwester Hong. Zehntausende Wanderarbeiter hatten schon ewig nichts mehr mit einer Frau gehabt, kein Wunder, dass Schwester Hong für sie eine Schönheitskönigin war. Doch irgendwann, keiner kann sagen, wann genau, ist auch sie verschwunden. Die einen erzählen, sie habe ihren Beruf an den Nagel gehängt, einen anständigen Mann geheiratet, eine Wohnung mit Meerblick gekauft und wolle nichts mehr wissen von dem Abschaum aus Sanhe. Andere, wie Bruder Shi, behaupten, sie habe Aids und ihre alten Freier sollten besser einen Arzt aufsuchen.

Doch dann entdecke ich sie in einem kleinen Hotel. Sie trägt eine weisse Bluse zu einem schwarzen Rock, sitzt kerzengerade auf ihrem Stuhl und fragt mich gelassen: «Du weisst, was ich mache, oder?»

«Sicher, man redet über Sie.»

«Sprich's ruhig aus, das stört mich nicht.»

Ohne weiter nachzudenken, antworte ich: «Man würde sagen, Sie bieten sexuelle Dienstleistungen an.»

Sie starrt mich an, als käme ich vom Mond. In den darauffolgenden Tagen benutzt sie wesentlich derbere Bezeichnungen für ihr Geschäft, aber nicht ohne ständig von «Würde» zu reden. Mal gibt sie sich cool, mal herrscht sie mich zornig an: «Ich habe kein Schamgefühl, weil ich auf Scham gut verzichten kann! Wenn man nichts zu beissen hat, was soll man dann mit Schamgefühl?»

DIE BEUTE

Schwester Hong besteht darauf, dass ihre «würdevollen» Jahre gar nicht so lange her sind. Noch vor vier Jahren habe sie in einem Fünfsternehotel gearbeitet und durch die vielen roten Umschläge, die sie bei Hochzeitsfeiern einstecken durfte, eine Menge Geld gespart. Die seien mal von den Hochzeitsgästen gekommen, mal so nebenbei, aber das sei alles im grünen Bereich gewesen, natürlich. Als sie dann Fünfzigtausend zusammenhatte, fing sie an zu spielen und hat schnell alles verloren. Dazu kamen Streitereien mit dem Hotel, und unversehens war sie ihren Job los. Warum sie mit dem Glücksspiel angefangen hat? Nun ja, es habe sich eben angeboten, also wollte sie es ausprobieren. Mit leeren Taschen sei sie dann nach Sanhe gekommen, zur Freude der Arbeiter. «He, Schwester Hong, rechnest du tageweise ab, kann man bei dir anschreiben?» Schwester Hong blieb immer freundlich und liess sich auf jeden Spruch ein. Bis eines Tages ein junger Kerl zu ihr kam und sagte: «Hier, Schwester, ich gebe dir einen Hunderter.» Sie fühlte sich geschmeichelt und nahm das Geld aus Neugier. Die anderen machten sich darüber lustig: «Oha, die Frischvermählten, viel Spass im Hochzeitsbett!» Dann kam die Polizei.

Beim Gedanken, die Nacht in Untersuchungshaft verbringen zu müssen, brach Schwester Hong in Tränen aus. Die Polizei warf ihr vor, auf dem Strassenstrich zu arbeiten, und sie hatte nicht viel zu ihrer Verteidigung vorzubringen. Als die Polizisten die beiden schliesslich laufen liessen, zogen sie tüchtig über den jungen Kerl her, doch je mehr sie ihn auslachten, desto fester war er entschlossen, Schwester Hong keinen Schritt mehr von der Seite zu weichen.

Fortan blieben sie zusammen. Der junge Mann behauptete, sein älterer Bruder sei Inhaber einer Elektrogerätefabrik, eines Teehandels und eines Restaurants, seine Familie sei reich. Das betraf aber nur die Familie seines Stiefvaters. Er selbst wohnte allein in Sanhe. Schwester Hong kam sich ein bisschen vor wie ein Muttterersatz, während der Dreiundzwanzigjährige sie am liebsten gleich seiner Familie vorgestellt hätte. «Mir ist egal, was sie sagen», versicherte er. Schwester Hong war es nicht egal. Sie drängte ihn, sie zu verlassen, und er tat es, unter Tränen, sagt sie.

Danach nahm sie wieder ihr unrühmliches Leben auf dem Strassenstrich auf. «Das ist ganz einfach Schicksal», meint sie. Dieses Schicksal ist wie ein Fenster für sie. Die Intimität mit den Männern des Viertels lässt Schwester Hong tief in ihre hilflosen Seelen blicken - und auch in ihre eigene Seele.

In den Internetcafés findet sie meist keine Beute. Dort liegen ständig eine Handvoll Gestalten und schlafen, aufgereiht wie Leichen im Leichenschauhaus, um sich dann mitten in der Nacht am Computer putzmunter durch Kampfarenen zu schlagen, Waffen zu kaufen, Blut zu saugen ... Schwester Hongs Dienste sind hier nicht gefragt. Die meisten Wanderarbeiter schauen lieber Pornos und masturbieren hinterher auf dem Klo. «Masturbieren ist eine gute Art, sich zu beschäftigen», würden die Sanhe-Götter sagen.

Monatelang leben sie in Internetcafés, und oft geraten sie in Prügeleien. Dabei werden nicht selten Messer gezückt, und es geht einer drauf. Es kam vor, dass der Inhaber einen anstupste, der schon seinen letzten Mausklick getan hatte. Bei einem kam die Familie mit Kränzen, machte einen Riesenradau und erklärte, das Internetcafé schulde ihnen ihren Sohn und müsse ihn wieder lebendig machen. Andere merken rechtzeitig, dass ihre Tage gezählt sind, und mieten ein Zimmer im Viertel, aus dem dann kurze Zeit später ihre steif gewordene Leiche herausgetragen wird.

Schwester Hong kennt zwei solcher Fälle aus eigener Anschauung. So zynisch es klingen mag – plötzlicher Tod gehört zu den häufigeren und harmloseren Todesursachen in Sanhe.

Vor wenigen Jahren bevölkerten noch Dutzende Mädchen den Strassenstrich, die jüngste war sechzehn Jahre alt. «Nachts herrschte hier ein unglaubliches Wolfsgeheul», sagt Schwester Hong und meint damit den Klang einer Eisenstange und die grauenvollen Schreie eines Mannes dazu, die sie sich einmal in einer Absteige anhören musste. Erst später ging das Gerücht, dass der Mann totgeprügelt worden war, weil er dem Freier die Gebühr nicht zahlte.

Ein Strichmädchen starb in seiner Wohnung, am ganzen Körper mit Klebeband umwickelt. Sie hatte unzählige Stichwunden. Ihr Mörder war ein Wanderarbeiter, der nicht zahlen wollte und später zusammengeschlagen und halb tot auf der Strasse liegen gelassen wurde. Andere geraten sich beim Zocken in die Haare, und so manche Pokerrunde endet mit abgeschlagenen Händen.

Inzwischen geht es nicht mehr ganz so brutal zu, aber Schwester Hong bleibt vorsichtig. In ihrem Geschäft, sagt sie, «brauchst du Leute, die dafür sorgen, dass du dein Gesicht nicht verlierst, obwohl sie genau wissen, was du treibst». Die Gesetze sind eine Sache – eine andere ist der Ärger der Strasse, mit dem sie sich herumschlagen muss. Wie diese beiden Säufer im Longhua-Park. Wenn sie betrunken waren, dösten sie friedlich, aber kaum waren sie wach, nervten sie Leute wie Schwester Hong. «Komm, Schwester, gib mir einen Zehner!», «He, Schwester, willst du meine Latte sehen?» Sie gab dann einen Zehner, um ihre Ruhe zu haben, und erteilte gute Ratschläge: «Trink nicht so viel, irgendwann säufst du dich zu Tode.» Einer der beiden landete im Gefängnis, und der andere fiel betrunken auf den Kopf und starb, noch bevor die Ambulanz kam.

Jener Park ist der erste Ort, an dem Wanderarbeiter ohne Bleibe landen. Ein glückbringender Ort ist es nicht. Schwester Hong hat unter demselben Baum, unter dem die beiden Säufer hausten, schon drei tote Götter gefunden. Wer die Nacht im Park verbringt, stopft gewöhnlich seine Habe, Telefon, Geld und Personalausweis, in eine Plastiktüte und vergräbt sie in der Erde. Der Park ist auch ein beliebter Schwulentreff, «die sitzen da zu dritt und stricken Pullis», erzählt Schwester Hong. Einmal habe sie einer freundlich zu sich gerufen und gefragt: «Wie findest du meine Augen, hübsch, oder?» Derselbe hat ihr erzählt, dass er früher kaum genug zu beissen gehabt habe, aber jetzt als Stricher könne er sich eine Wohnung leisten. Er hat ihr den Goldring an seinem Finger gezeigt. Schwester Hong hat schnell begriffen, dass der Kerl nicht wirklich homosexuell war, aber der Schwulenstrich war sein einziger Weg zum Überleben.

Die meisten Sanhe-Götter stehen auf Frauen, trotzdem verdrehen sie beim Anblick einer Frau höchstens die

Augen, weiss Schwester Hong, und wagen keinen Blickkontakt. Sobald sie auf dem Tagelöhnermarkt auftaucht, ist sie umringt von Sanhe-Göttern. Wer nicht dazugehört, ist sofort begierig zu erfahren, wer sie ist. «Die ist mehr Fan Bingbing als Fan Bingbing[2]», sagen sie. Aber wenn sie tatsächlich Interesse zeigt, ändern sich sofort die Mienen. «Selbst beim Sex wollen die Kerle inzwischen lieber Ärsche als Mösen», sagt sie, «denn lassen sie sich einmal mit einer Möse ein, wird sie sie ihr ganzes Leben lang betrügen, denken sie.» Zugegeben, was mir Schwester Hong zu erzählen hat, übersteigt meine Vorstellungskraft. Ich hätte immer noch angenommen, dass Sexualität etwas mit angeborenen Instinkten zu tun hat und auch mit letzter Würde. Was die Sanhe-Götter angeht, haben wir es also nicht nur mit Dekadenz und Verzweiflung zu tun, sondern mit etwas, das Schwester Hong als «Auslöschung der Persönlichkeit» bezeichnet.

Heutzutage lässt sich Schwester Hong nur noch selten auf dem Tagelöhnermarkt blicken. Die Sanhe-Götter rufen sie aber immer noch an. Während unseres Gesprächs klingelt ständig ihr Handy. Sie geht auch ran, und nach kurzem Zögern fragt eine Stimme: «Wo bist du gerade?» Statt zu antworten, beendet sie den Anruf und fährt sich durchs Haar, ein wenig peinlich berührt. «Normalerweise hört man von seinen Bekannten nur so ein-, zweimal am Tag. Weiss auch nicht, warum sie mich heute dauernd anrufen.»

Manche rufen wegen ihrer Dienstleistungen an, andere wollen nur ein bisschen reden und jammern ihr vor, wie schwierig es sei, ohne Geld eine Frau zu finden. Schwes-

[2] Fan Bingbing (geboren 1981) ist eine bekannte chinesische Filmschauspielerin (I am not Madame Bovary, Buddha Mountain).

ter Hong weiss pragmatischen Rat: «Streng dich ein bisschen an, und sieh zu, dass du etwas verdienst, dann findest du bestimmt eine Frau.»

Sie hat ein grosses Herz und ein offenes Ohr für jeden. Obwohl sie in den vergangenen zehn Jahren selbst mindestens zehnmal ihr Leben ändern wollte und gescheitert ist. Sie war in Wuhan, Xiamen, Nord-Shanxi, in der Inneren Mongolei und in Schanghai. Nach vielen harten Jahren hat sie jetzt keine Lust mehr, Sanhe zu verlassen. Viele der Götter von früher sind immer noch da. Der Ort bewirkt so etwas wie eine mentale Lähmung, man scheint nicht davon loszukommen. Davon weiss Schwester Hong ein Lied zu singen.

DIE GENERALIN

Liefe die Zeit rückwärts, dann würden die Hochhäuser und Fabriken im Bezirk Longhua still und leise wie Legosteine abgebaut werden. Es ist keine zehn Jahre her, dass hier mit Schilf gedeckte Häuschen und Wellblechhütten standen. Die Landschaft würde wieder an eine «einsame Insel» erinnern. Beim Anblick der Horden von Wanderarbeitern rissen die Leute damals noch die Augen auf – wie sie mit ihren Matten und Eimern wie Ameisen herumwuselten. Schwester Hong erinnert sich an das Chaos, als sie hier eintraf. Dreiste Räuber rissen ihr die Tasche weg und riefen noch amüsiert: «Fang uns doch!» Natürlich hatte sie keine Chance und heulte todunglücklich vor sich hin. Dennoch besteht sie darauf, dass damals alles viel «hoffnungsfroher» gewesen sei.

Ihr Strassenleben begann damit, dass ihr Mann sie geschlagen und aus dem Haus geworfen hat. Da war sie achtundzwanzig Jahre alt. In ihrer Kleinstadt gab es nicht einmal Jobs für Tellerwäscher. Schliesslich fand sie eine Stelle als «Tänzerin» in einem Spielsalon mit Karaokebühne, wo sie den ganzen Tag herumsass. Ganz allein starrte sie auf die Schatten, die über das Fenster tanzten, und sah im Traum den winzigen Sarg ihres siebenjährigen Sohnes. Sie hatte es schwer, nachts eine Bleibe zu finden. «Ich hätte selbst mit einem fiesen alten Knacker geschlafen, nur um ein Bett zu haben.» Als sie das Glück hatte, doch so etwas wie einen neuen Freund zu finden, und ihn ihrer Familie vorstellte, warf ihr älterer Bruder eine Schüssel gegen die Wand und herrschte sie an: «Eine geschiedene Frau, wer will denn die, lass dich hier bloss nicht mehr blicken!» Die Menschen in ihrer Heimatstadt waren unglaublich stur und konservativ. Ohne das rot eingebundene Ehezertifikat war in den Augen ihres Bruders jeder neue Freund nur ein Freier, ein übler Bastard.

Die Verletzten und Verzweifelten werfen sich manchmal selbst wie Spielsteine aufs Spielfeld des Lebens, um ihr Glück zu versuchen. Schwester Hong verliess auf der Suche nach Arbeit ihre Heimatstadt, stolperte durch das Land und landete in einem muffigen, modrigen Zimmer im Bezirk Longhua. Das Zimmer teilte sie sich mit einem Dutzend Männer und Frauen, die trotz der Enge immer freundlich miteinander scherzten und schwatzten. Begegnete sie einem davon auf der Strasse, fragte er: «Wie geht es dir, wohin gehst du, Ah Hong?» Es war eine Erleichterung. Sie freundete sich sogar mit einigen der Frauen an. Wenn eine wegging, umarmten sie sich, vergossen Tränen und versprachen, in Kontakt zu bleiben. Danach hörten sie nie wieder voneinander.

Obwohl Sanhe chaotisch und gefährlich war, hatte Schwester Hong keine Angst. Sie habe es zu ihrem Zuhause machen wollen, sagt sie. Sie behauptet, in Sanhe ihren Bestimmungsort gefunden zu haben, «den Beweis, dass ich am Leben bin». Nicht weniger entscheidend war die Tatsache, dass es hier eine Menge Fabrikarbeiter gab, was sie optimistisch stimmte.

Trotzdem war sie auf sich allein gestellt und hatte keine alten Bekannten, die ihr aushelfen konnten. In der Fabrik hatten sie etwas gegen sie. «Pah, dieser Direktor, ein Maul wie der Affenkönig, eine zum Erbarmen fiese Fresse.» Irgendwann hatte sie genug von ihm und schrie ihn an: «Vor dir hab ich keine Angst, du mieser Arsch!» Danach versuchte sie sich an einem Job nach dem anderen. Sie wittert ein Prinzip hinter ihrem Pech, «sie wählen die Älteren, Hässlichen oder Langsamen, um an ihnen vor den anderen ein Exempel zu statuieren». Irgendwie gehörte sie immer dazu, bis sie sich in keine Fabrik mehr traute und ihre eigene Form von Teilzeitjobs schuf. Liefen die Geschäfte gut, hatte sie in zwei Monaten dreitausend zusammen. «Das war richtig aufregend, ganz wunderbar», sagt sie tänzelnd und wild gestikulierend, wie eine Obdachlose, die auf einmal einen Chefsessel innehat. Manchmal hatte sie auch keine Lust auf Teilzeitjobs, sondern trommelte eine Gruppe von Leuten zusammen, um eine Fabrik «zu killen», das hiess Sicherungen kappen, Kabel rausziehen und dann eine Entschädigung «wegen Traumatisierung» zu verlangen. Schwester Hong war gern bei den Krawallen dabei. «Ich bin schliesslich immer noch arm, auch wenn ich das nicht mein Leben lang machen würde. Heute kann ich mich hinstellen, die Arme verschränken und habe meine Rache gehabt.»

In ihrer stürmischen Zeit um 2010 herum sei sie die Generalin gewesen, sagt sie, Anführerin zahlreicher «Wir killen die Fabrik»-Aktionen. Allein bei Foxconn in Longhua gab es vierzehn solcher Aktionen. Ab da, so behaupten die Sanhe-Götter, sei in Sanhe das «Goldene Zeitalter» angebrochen, mehr und mehr Wanderarbeiter kamen, um tageweise zu arbeiten. In Sanhe ging es locker und fröhlich zu. «Einen Tag malochen, drei Tage zocken», schien der geheime Wahlspruch zu lauten, den sich die Faulen und Deprimierten unter den Wanderarbeitern teilten.

Einer von Schwester Hongs Kunden ist der Wanderarbeiter Song Tao. «Damals gab es nur wenige Frauen, überall Männer, alle vom Typ alleinstehender Matrose», erzählt er. Als er dann Schwester Hong begegnete, seien ihm die Augen übergegangen. Aber mittlerweile sei sie zu alt und setze auf Massenabfertigung zu Discountpreisen.

Song Tao ist seit 2011 in Sanhe und ein typischer Internetjunkie. Als er seine erste Nacht hier verbrachte, mit nur wenigen Yuan in der Tasche, lagen vor dem Eingang zum Tagelöhnermarkt eine ganze Reihe Leute, die dummes Zeug schwatzten und über ihr Pech klagten. «Keine Sorge, morgen gibt es bestimmt einen Haufen Tagesjobs», sagten sie zu ihm. Als er am Morgen aufwachte, waren die Strassen von Zehntausenden Wanderarbeitern überflutet. Vorarbeiter kamen und riefen Jobs aus, woraufhin ihnen ein Dutzend Männer folgte und einen Bus bestieg, um auf Baustellen oder am Fliessband zu arbeiten. Mit dem frisch erarbeiteten Geld setzten sie sich dann wie gelähmt vor die Bildschirme in den Internetcafés. Es traf Song Tao wie eine Offenbarung – er hatte sein Zuhause gefunden.

Während er neben mir her durch das Dorf spaziert, macht er eine so ernste Miene, als stünde er vor einem alten Haus, das gerade abgebrannt ist. Er zeigt auf das dunkle, schmutzige Interieur eines Internetcafés. «Hier war's. Als ich damals aufgewacht bin, lag da einer drin und machte keinen Mucks mehr.»

Als wir am Shangfeng-Nudelimbiss vorbeikommen, wird mir von dem Gestank, der dort herausdringt, speiübel. Die Inhaberin fischt gerade ein ranziges Stück Schweinefleisch aus einem Eimer und beginnt es kleinzuhacken. Ohne sich umzudrehen, wirft sie die klein gehackten Stücke in den Topf. «Egal, was du bestellst – der Dickwanst serviert dir jedes Mal mit stoischer Miene die gleiche trübe Nudelsuppe für nur vier Yuan die Schüssel. Seit zehn Jahren keine Preiserhöhung», erklärt Song Tao. «Sie nennen sie die Oma-Meng-Suppe.»

Jeder der Internetjunkies vor den Bildschirmen hat einen eigenen Grund für seine Sucht. Xiao Mai zum Beispiel wurde als Kind von seinen Eltern weggegeben. Er bekommt von ihnen immer noch monatlich tausend Yuan, mit denen sie ihr schlechtes Gewissen beruhigen. Er hofft, nie erwachsen zu werden. «So zu leben ist verdammt cool», sagt er. Neben ihm hockt ein Wanderarbeiter, den Blick auf ein Foto von sich als junger Rekrut gerichtet, mit roten Blumen geschmückt. Als er mir erzählt, dass er seine Militärlaufbahn für die Ehe an den Nagel gehängt habe, nur um später von seiner Frau betrogen zu werden, fängt er an zu weinen und lehnt sich an meine Schulter. «Du weisst gar nicht, wie dreckig es mir da ging, Bruder. Die ganze Verliebtheit von damals – aus und vorbei.»

Für Song Tao liegt die Ursache seiner Spielsucht darin, dass er «diese Blicke nicht aushielt». Seine Eltern liessen sich scheiden, als er noch klein war. Mit siebzehn ging er aus dem Haus und suchte Arbeit, neidisch auf die Arbeiter mit Familie, die er kennenlernte. Er blieb immer allein und holte sich bei den Frauen immer wieder eine

Abfuhr. «Die Menschen sind so gleichgültig, nie sehen sie dir in die Augen. In Sanhe ist das anders, hier gibt es diese Blicke nicht. Die Leute haben Zeit, und keiner sieht auf mich herab, denn hier gibt es keine High Society.» Dann benutzt er ähnliche Worte wie Schwester Hong: «Es ist für mich, als hätte ich meinen Bestimmungsort gefunden.» Einmal, so fährt er fort, habe er geglaubt, er könne hier glücklich werden, aber dann sei ihm klar geworden, dass etwas in ihm längst klammheimlich zerbrochen ist.

Anfangs waren die Götter noch bereit zu arbeiten, um ihre Spielsucht zu finanzieren, aber es dauerte nicht lange, bis sie einfach nicht mehr anspringen wollten, wie ein liegen gebliebenes Auto. «Ich habe noch ein paar Yuan, lass mich erst mal online gehen.» Um die Internetgebühren zahlen zu können, essen viele nur einmal am Tag und verkaufen alles, was sie haben. Wenn sie dann gar nichts mehr haben, vagabundieren sie durch die Strassen, in der Hoffnung, einem Kumpel zu begegnen, der ihnen einen Fünfer oder einen Zehner leiht. Einmal sass Song Tao neben einem, der nur eine Hand hatte, mit der er wie verrückt Dungeon Fighter spielte. «Wir waren ganz neidisch und fragten ihn, warum er nicht lieber betteln gehe, das wäre doch ideal für ihn und so weiter. Aber der war sogar zu faul zum Betteln.»

In letzter Zeit ist es in Sanhe zunehmend voller geworden, die Konkurrenz um die wenigen Tagelöhnerjobs ist härter. Wenn die Internetcafés morgens ihre Klientel ausspucken, fragt diese zuerst, ob einer etwas von Tagesjobs weiss. Song Tao hat schon Hunderte auf einmal auf der Suche nach irgendeinem Job durch die Strasse ziehen sehen. «Ohne einen Tagesjob bist du am Arsch», konstatiert Song Tao.

Seit sie ihr billiges Bett gefunden hat, ist Schwester Hong träge geworden. Keine ihrer Schwestern hat Lust auf einen Job, sie vertrödeln den Tag lieber miteinander plaudernd im Bett. «Wir verbringen sozusagen jede Jahreszeit im Winterschlaf, ich weiss auch nicht, wie es so weit gekommen ist», sagt Schwester Hong. «Mir kommt das auch alles sinnlos vor.»

Song Tao hat drei Monate lang nicht geraucht, aber gerade wieder angefangen, und hockt qualmend auf der Strasse. Ein Fabrikarbeiter schlurft in seinen Flipflops vorbei. Keiner von beiden sagt ein Wort, obwohl der Mann ihn zu kennen scheint. In Sanhe gibt es keine Freundschaften, in den vergangenen sechs Jahren hat Song Tao nicht einen einzigen mit Namen kennengelernt. «Wir sind lebende Tote. Wozu brauchen wir Namen?»

Ich frage ihn, ob er denn keine Angst habe und was er vorhabe, wenn er erst die vierzig überschritten hat.

«Das sind Fragen, die ein normaler Mensch stellt. Aber Sanhe-Götter sind nicht normal, verstehst du?» Song Tao wird ganz aufgeregt. «Sanhe erlaubt dir gar nicht, so zu denken, das Dorf ist voller lebender Leichen. Jeder will sich treiben lassen, und niemand macht sich Gedanken, was nächste Woche wird. Es ist schon ein Erfolg, wenn's einem heute gut geht. Wer hegt schon noch Hoffnungen? Hier spielen sie Computerspiele, um die Welt da draussen zu vergessen und mit ihr das ganze Selbstmitleid. Schlecht fühlst du dich nur, wenn du aufhörst.»

Wir betrachten den menschlichen Willen irrtümlicherweise als eine Art Schalter, den man heute ein- und morgen ausschalten kann. Nur wer Ähnliches durchgemacht hat wie Song Tao, kann nachvollziehen, wie der menschliche Wille korrumpiert und verschüttet werden kann. Danach geht es nur noch bergab.

EINSAME SEELEN

Die Sanhe-Götter besitzen nichts, haben keine Arbeit, man könnte sagen, sie seien nutzlos. Nicht in den Augen der Lehrlinge der Friseursalons der Umgebung allerdings. Die kommen mit ihren Spiegeln, pflanzen die Wanderarbeiter in einen Stuhl und erproben an ihnen ihre Kunst, als würden sie Schafe scheren. Nach zwei Minuten tippen sie einem auf die Schulter: fertig. Und die Wanderarbeiter spazieren fröhlich mit ihren neuen, wilden Frisuren davon. Die Gangsterbanden wiederum, die Dongbei-, die Henan- oder die Anhui-Bande, finden ihren eigenen Nutzen in ihnen. Sie schenken einem hungrigen Sanhe-Gott einen Fünfer. Der wird dafür gezwungen, sie vor Gericht zu vertreten oder Schulden einzutreiben. Wer das nicht mitmachen will, wird in eine Ecke getrieben und zusammengeschlagen.

Auch Song Tao war schon einmal so hungrig, dass es ihm das Hirn vernebelte und er für nur achthundert Yuan seinen Ausweis verscherbelt hat. Erst als er eine Vorladung vor Gericht erhielt, begriff er, dass er Ärger am Hals hatte. Dann kamen Tricks wie «Minidarlehen» in Mode. Einer der gerissensten Typen, die ich traf, hatte drei Bildschirme seines Smartphones voller Darlehens-Apps. Aber er hatte die Einstellung: Da ich mir alles aus eigener Kraft geliehen habe, muss ich nichts zurückzahlen. Mit diesen Maschen sinken die Sanhe-Götter tiefer und tiefer.

Als die Bandenkriege ausuferten, hörte Schwester Hong oft verzweifelte Schreie von der Strasse: «Sie haben mich um meinen Ausweis gebracht!» Einer namens Xiao

Hei, der inzwischen so bekannt ist wie Schwester Hong, hat sich einen Namen gemacht, nachdem er übers Ohr gehauen worden war. Er gehörte zu denjenigen, die immer noch schufteten für ihr Geld. Nachdem er ihm den Ausweis gestohlen hatte, machte sich der Dieb auch noch online über ihn lustig. Das war zu viel für Xiao Hei. Er verlor den Verstand, lief bald nur noch ohne Schuhe herum und hüpfte durch die Strassen wie ein Kaninchen. Er nahm sich einen gelben Strassenköter zum Gefährten, bis ihm jemand auch noch den Köter stahl und aufass. Dann verschwand auch Xiao Hei.

Irgendwann hatten die ordentlich angestellten Fabrikarbeiter die Nase voll von den Gammlern, schlossen sich zusammen und wandten sich wegen der Zustände an die Behörden. 2014 wurde in Sanhe aufgeräumt.

Damals befand Song Tao, dass das Leben zu anstrengend war und er genauso gut sterben konnte. Er hatte gerade einen Job in einer Fabrik im Bezirk Nanshan. Die anderen Sanhe-Götter, die dort arbeiteten, hatten kein Durchhaltevermögen und wollten nach ein paar Tagen aufhören, das Geld einstecken und Schluss. Nur wenn zufällig ein paar Schwestern unter den Arbeitern waren, hatten sie es nicht mehr so eilig, fortzukommen. Obwohl die meisten Schwestern vertraglich angestellte Arbeiterinnen waren, die echten Gold- und Silberschmuck trugen und mit den verlotterten Sanhe-Göttern nichts am Hut hatten, liessen sie sich die Hoffnung nicht nehmen. Leider hat das produzierende Gewerbe in Shenzhen in den vergangenen Jahren stetig abgenommen, und die meisten Arbeiterinnen haben in den Dienstleistungssektor gewechselt. Die meisten Fabriken sind jetzt reine Männerdomänen, zum grossen Bedauern der Sanhe-Götter.

Am Ende seines Kurzzeitvertrags kassierte Song Tao fünftausend Yuan Lohn und stand verloren vor dem Fabriktor. «Kaum bist du aus der Fabrik raus, bist du wieder nur ein Geist.» Er warf den Kopf zurück, damit seine Tränen nicht auf den Boden tropften. Wo sollte er schon hin als zurück nach Sanhe, wo er sofort wieder in den alten Trott verfallen würde? «Sanhe hat einen furchtbaren Einfluss auf dich.»

Im Dorf reiht sich ein Internetcafé an das andere. Um die Ecke steht der Inhaber des 666-Internetcafés und piesackt einen Strassenköter. Song Tao sieht eine Weile zu. «In diesem Café habe ich sieben Tage ohne Unterbrechung zugebracht.» Spass gemacht habe es nicht. Die Computerspiele hätten nur seinen Selbsthass bestärkt. Aber aufhören kann er genauso wenig. All seine sozialen Beziehungen sind zerbrochen, und er ist in ein Loch gefallen. Er hätte so gerne irgendetwas, an das er sich klammern könnte, um nicht noch tiefer zu sinken, aber es scheint nichts auf der Welt zu geben, für das er noch von Nutzen sein könnte.

Seit sechs Jahren hat er nicht mehr mit seinem Vater gesprochen. «Er versteht das nicht. Ohne Geld bist du nichts wert, so denkt er.» Bevor er in Sanhe gelandet ist, hatte Song Tao eine Freundin. Als aus der Beziehung nichts werden wollte, fehlte ihm ein Plan B. Kinder? Song Tao schüttelt den Kopf. «Schon das Leben meines Vaters ist hart genug, es reicht, wenn die Linie mit mir zu Ende ist.»

Auch Schwester Hong kann bestätigen, dass die meisten Sanhe-Götter den Wunsch nach einer eigenen Familie aufgegeben haben. Nicht wenige haben ihr gesagt: «Und selbst wenn ich Hunderttausende besässe, würde ich nicht heiraten, ich überlasse doch keiner Frau alles, wofür ich mich ein Leben lang abgerackert habe.» Schwester Hong selbst ist anderer Meinung. Zuweilen leidet sie darunter.

Sie hätte gern einen, an den sie sich anlehnen kann. Für den würde sie die Strassen fegen, Tagesjobs und Werweisswas tun, bis an ihr Lebensende. Sie ist so besessen von diesem Gedanken, dass es etwas Pathologisches hat. Kaum sieht sie einen halbwegs passenden Arbeiter in der Fabrik, würde sie am liebsten sofort an ihm kleben bleiben, denn «wenn er erst nach Hause geht, siehst du ihn nie wieder». Während ihrer zehn Jahre in Sanhe hatte sie drei amtliche Ehemänner und drei nichtamtliche Beziehungen, fünfeinhalb davon waren Sanhe-Götter. Alle haben ihr das Herz gebrochen.

Als sie ihren ersten Mann kennenlernte, war er ein Dieb – was immerhin dafür spricht, dass er mehr Energie besass als ein normaler Sanhe-Gott, der selbst zum Stehlen zu faul ist –, also zählt er nur als halber Sanhe-Gott. Nach der Heirat gingen sie zusammen in ihre Heimatstadt zurück, wo sie die Aufsicht über eine Baustelle übernahmen. Nach Jahren harter Arbeit hatten sie schliesslich achtzigtausend Yuan zusammen, etwa elftausend Schweizer Franken. Eines Nachts verschwand ihr Ehemann mit den Ersparnissen auf Nimmerwiedersehen. Schwester Hong hielt ein Motorradtaxi an und drängte den Fahrer, immer schneller zu rasen, um ihn einzuholen. «He, ich fahre mir die Räder ab!», schimpfte der Mann. Sie bauten einen Unfall, und Schwester Hong endete mit dreizehn Stichen an der Schläfe. Doch sie gab nicht auf und verfolgte seine Spur weiter bis nach Nord-Shanxi, wo sie sein ehemaliges Zuhause auf einem Hügel in der Einöde fand, dort, wo das Trinkwasser noch von Eseln herbeigeschleppt wird. Aber der, den sie suchte, war nicht da.

Von Nord-Shanxi führte sie ihr Weg in die Innere Mongolei nach Ordos, von wo sie ihren zweiten Ehemann mit zurück nach Sanhe brachte. Aber der machte ständig Ärger in der Fabrik.

Nach zwei Jahren merkte sie, dass ihr Mann ein psychisches Problem hatte. Zunächst hatte sie geglaubt, er rede einfach gern über Politik, und fand ihn interessant. Doch dann hörte er nicht mehr auf zu reden, was die Sanhe-Götter ganz kirre machte. Die, die es nicht mehr aushielten, brieten ihm eins über. Dann stürzte plötzlich in der Fabrik ein tonnenschwerer Frachtkorb auf ihn, und ihr Mann trug nicht nur ein gebrochenes Bein, sondern einen endgültig vernebelten Verstand davon. Schwester Hong kam eigentlich gut mit ihm klar, aber er redete fortan wirklich Tag und Nacht ohne Unterlass. Schliesslich hielt sie es nicht mehr aus und mietete ihm ein eigenes Zimmer. «Ich halte ihn jetzt wie einen Hund», sagt sie.

Ihr erster Freund mochte keine Hotels und schlief lieber im Internetcafé, wo er Liebeslieder von Xu Song in Endlosschleife hörte. Der nächste stand mehr auf Stadt im Himmel und Endloser Frühlingswind und schickte ihr gern mitten in der Nacht SMS. Erst kurz bevor sie Schluss machten, fand Schwester Hong heraus, dass es sich jeweils um die Lieblingslieder ihrer Exfreundinnen handelte. Alle beide hingen immer noch an ihrer alten Liebe. Trotzdem wünschte sich Schwester Hong, dass sie bei ihr blieben, und klammerte sich an sie. Der eine schlug sie am Ende mit einer Bierflasche und der andere mit der blossen Faust.

Nach so viel Leid blieb Schwester Hong allein zurück. «Inzwischen habe ich gar kein sexuelles Verlangen mehr, stehe ohne Liebe, ohne Familie, ohne Gefühle da.» Sie gesteht mir, dass sie nicht einmal die Namen ihrer letzten beiden Freunde weiss. Sobald sie von Gefühlen oder Beziehung geredet habe, hätten die Männer «dichtgemacht».

Zwischendurch entschied sie, dass Sanhe einfach nicht der richtige Ort für sie war, und ging nach Wuhan, Xiamen und Schanghai, allein. Schanghai war ihr zu teuer, nirgends war eine bezahlbare Bleibe zu finden. Xiamen war windig und sie verbrachte eine ungemütliche Nacht am Bahnhof, durchgefroren und ausgehungert. Zehn Mal hat sie Sanhe den Rücken gekehrt und zehn Mal ist sie wieder zurückgekommen. Diese Torturen macht sie nicht mehr mit. Vielleicht gibt es nur einen einzigen Ort auf der Welt, nämlich Sanhe, in der auch ein mittelloser Mensch keine Existenzsorgen hat. «Ich kann immer noch Flyer verteilen.»

Bei unserer ersten Begegnung hat Schwester Hong gerade mit ihrem dritten Freund Schluss gemacht. Sie sitzt auf einem Stuhl und rollt ihre Hosenbeine auf, um mir die blauen Flecken zu zeigen. «Ich dachte, ich müsse sterben», sie hebt den Kopf, «aber wir Frauen sind einfach viel zu demütig. Obwohl er mich so übel zugerichtet hat, vermisse ich ihn. Er hat mich geschlagen, aber ich bin bei ihm geblieben, er hat mich wieder geschlagen, und ich bin weiter bei ihm geblieben. Als er einfach fortging, habe ich ihn überall gesucht, in ganz Longhua. Ich wollte unbedingt mit ihm zusammenbleiben.»

Ein Jahr hat Schwester Hong versucht, das, was sie ihre Familie nennt, zusammenzuhalten, aber ihr Freund nahm sie gar nicht ernst und hing viel lieber mit seinen männlichen Freunden herum. Erst als sie ein Foto von ihm im Internet entdeckte, das ihn in High Heels zeigte, wurde ihr klar, dass er sie nur ausgenutzt hatte.

Trotzdem gibt sie die Hoffnung nicht auf. Sie baut darauf, dass die Sanhe-Götter etwas brauchen, an das sie sich klammern können. «Wenn sie eine Familie hätten, in der sie sich aufgehoben fühlten, würden sie ein neues Leben anfangen. Wenn sie sich das nicht wünschten, würden sie nicht weiter hier herumhängen, sondern könnten genauso gut woanders hingehen.»

999 ROSEN

Der Taifun hat Shenzhen drei Tage lang Regen beschert. Als Schwester Hong mich aufsucht, wird sie von ihrer «Auszubildenden», der jungen Lin Li, begleitet.

Lin Li ist ein bisschen einfältig, das weiss jeder in Sanhe. Als sie noch ein Kind gewesen sei, erzählt Schwester Hong, habe ihr Vater ein schweres Verbrechen begangen und sei dabei erschossen worden, und Lin Li glaubte, immer wieder die Todesszene in ihrem Kopf zu sehen, was sie völlig verstörte. Als Schwester Hong sie im Longhua Park aufgabelte, war Lin Li mittellos. Anfangs, so Schwester Hong, war die junge Frau «ziemlich willig und hat jeden an sich rangelassen», bis sie, nachdem sie Schwester Hong getroffen hatte, dazulernte und wenigstens einen Preis verlangte. «Aber nur, weil ich was zu essen brauchte», wirft Lin Li ein.

Erst vor Kurzem haben sich die beiden wegen eines Mannes gestritten. Schwester Hongs letzter Freund hatte sich nämlich kurz nach der Trennung mit Lin Li zusammengetan. Zwischen den beiden Frauen krachte es, und sie wären eines Tages aufeinander losgegangen, wenn der Kerl Lin Li nicht ohnehin ziemlich schnell sitzen lassen hätte. Schwester Hong und Lin Li versöhnten sich wieder und blieben «Schwestern».

Lin Li hat mittlerweile mehrere Zehntausend angespart, und Schwester Hong drängt sie, Sanhe zu verlassen und sich bloss nicht wieder um ihr bisschen Geld bringen zu lassen. Sie solle besser auf sich aufpassen und einen Mann zum Heiraten finden. In drei Monaten will Lin Li weggehen. «Komm aber bloss nicht zurück, sonst gebe ich dir eins auf den Deckel!», mahnt Schwester Hong. Schwester Hong hat auch ein bisschen Bares, vom Glücksspiel, sagt sie und versichert: «Das wird mein letztes Jahr in Sanhe.» Überzeugt klingt sie nicht.

In ihren frühen Herumtreiberjahren hat sie nach eigenem Bekunden in ihrer Heimatstadt fünf oder sechs Mädchen grossgezogen, die von den Eltern einfach ausgesetzt worden sind. Schwester Hong adoptierte sie. «Ich arbeitete damals nicht auf der Strasse, ich habe nur mit den Kindern zusammen um Essen gebettelt.» Einige davon sind inzwischen verheiratet. Sie klingt stolz, als sie das erzählt.

Im Sommer 2017, gerade als Schwester Hong Sanhe verlassen wollte, gab es im Dorf eine neuerliche Säuberungsaktion der Polizei. Internetcafés mussten fortan nach Mitternacht schliessen, Wohnungen durften nicht mehr von Gruppen gemietet werden. Viele Sanhe-Götter zogen ins benachbarte Dorf Gongcun. Manche hatten vor, zusammen nach Longgang umzusiedeln. Am Ende kamen die meisten von ihnen wieder zurück.

«Wenn du fortgehst, wird es für Tausende von Sanhe-Göttern schwer, ihre sexuellen Bedürfnisse zu befriedigen», sage ich zu Schwester Hong. Sie nickt zustimmend, meint aber, das sollte sowieso eine andere übernehmen, sie sei zu alt. Schwester Hong ist sicher, dass sie es nie zu Reichtum bringen wird. Wenn doch, dann, so versichert sie, würde sie einen Psychotherapeuten für das Dorf anheuern und den Göttern Essen und Unterkunft geben, «wie die von der Kirche». Und das Wichtigste wäre dann, ein paar Mädchen anzustellen, keine Nutten, sondern nette Mädchen, die die traurigen Götter durch freundliches Plaudern und Schulterklopfen aufmunterten. Genau das, was sie sich für sich selbst wünscht. «Manchmal habe ich solche Fantasien», sagt sie.

So legendär, wie Schwester Hong in Sanhe ist, wird sie für die Leute immer dieselbe bleiben, Fantasien hin oder her.

Vor zwei Jahren habe irgendein Wichtigtuer ein Foto von ihr ins Netz gestellt und sie sei über Nacht berühmt geworden, erzählt sie. Die Leute seien zu ihr gekommen und hätten gefragt, wie man in Sanhe ein Stricher werde, wann ihr Geburtstag sei, sie wollten ihr einen Kuchen backen. Einer konnte es gar nicht fassen, dass es sie wirklich gab. Sie erzählt, dass vor nicht allzu langer Zeit ein verwöhnter Bengel aus reichem Haus ihr Seidenstrümpfe, High Heels und neunhundertneunundneunzig Rosen geschickt habe und sie wie eine Trophäe mit auf eine romantische Kreuzfahrt habe nehmen wollen. Nachdem er persönlich in seinem Land Rover aufgekreuzt war, sei er wohl von ihrer tatsächlichen Erscheinung enttäuscht gewesen, habe ihr nach einer Einladung in ein Restaurant mit europäischer Küche dreihundert Yuan in die Hand gedrückt und sei wieder abgezischt.

Eine merkwürdige Begebenheit reiht sich an die nächste in Sanhe. Als ob es sich unter allen frustrierten Männern der Welt herumgesprochen hätte, wie frei und unbeschwert es sich im fernen Sanhe leben lasse. Dass sie inzwischen sogar von der legendären Schwester Hong gehört haben, verblüfft sie allerdings.

Sie erzählt die Geschichte von dem Geschäftsführer aus Tianjin, der kam und versprach, ihr ein grosses Haus zu schenken. Ausserdem schickte er ihr einen roten Umschlag mit achthundert Yuan und liess fragen, ob sie in der Lage sei, seinen ungewöhnlich starken sexuellen Hunger zu stillen. Der Direktor einer kleinen Firma in Peking erinnerte sich immer an sie, wenn er gerade betrunken war, und rief an: «He, Schwester, warum ziehst du nicht nach Peking?» Dann jammerte er ihr vor, wie gross der Druck in Peking sei und wie sehr ihm nach Jahren harter Arbeit die Konkurrenz im Nacken sitze.

Andere sind einfach nur auf der Suche nach einem unbeschwerten Leben. Sie fragen: «Schwester Hong, wie kommt man nach Sanhe? Ist es da wirklich so toll?»

TEIL II
DER KLUB DER NUTZLOSEN: UNTERGRUNDRECHERCHE, DIEBE UND SPIELSÜCHTIGE

Im Sommer 2017 hat Sozialreporter Du Qiang gut vierzig Tage im Bezirk Sanhe der südchinesischen Stadt Shenzhen verbracht, um aus erster Hand Informationen zu sammeln. Bei seinem Versuch, sich unter die sogenannten Sanhe-Götter zu mischen, nahm er Tagelöhnerjobs an, schlief auf Pritschen in Mehrbettzimmern und bekam überall rote Pusteln von den Wanzenbissen. Die Sanhe-Götter sind eine Gruppe junger Männer, die alle sozialen Bindungen abgebrochen haben und im Grunde in einer virtuellen Welt leben.

Du Qiang, der seine Reise ursprünglich in gewisser Weise als voyeuristisches Auskundschaften einer Parallelgesellschaft verstand, wurde dabei die Fragilität seines eigenen Lebens bewusst: Es braucht nur einen Schritt, um sich von seinem geregelten städtischen Leben loszusagen, den Mantel der Zivilisation abzustreifen und ein durch und durch nutzloser Mensch zu werden.

Kurz vor dem Frühlingsfest 2011 ging ich zurück in mein Heimatdorf, um das Grab meiner Grossmutter zu besuchen. Im Dorf traf ich auf meinen alten Schulfreund Wang Lang. Seit ich nach Peking auf die Uni gegangen bin, fürchte ich, auf meine alten Freunde zu treffen. Unbewusst habe ich dabei immer ein schlechtes Gefühl.

«Hast du in Guangdong eine Arbeit gefunden?», fragte ich ihn.

Statt einer Antwort wand er die linke Hand aus dem Ärmel und machte die chinesische Handgeste für die Zahl 8. Als ich nichts begriff, drehte er die Hand um. «Mir fehlen drei Finger. Hab für jeden zehntausend Yuan Entschädigung bekommen.»

Als wir Kinder waren, kam Wang Lang mich öfter besuchen, um mit mir auf der Playstation zu spielen. Er brachte immer Mantous[3] mit. Sobald er die Schritte meines Vaters hörte, versteckte er sich flink wie eine Katze unter meinem Bett. Er schlug sich nicht besonders gut, weder bei *Double Dragon* noch bei *Super Mario.* Ruckzuck fiel seine Spielfigur ins Feuer und er musste mir für den Rest des Spiels zusehen. Vielleicht merkte er es gar nicht, so angespannt, wie er war, aber jedes Mal, wenn sein Spiel

[3] Mantous sind dampfgegarte Brötchen, manchmal mit süsser oder salziger Füllung.

an einen kritischen Moment kam, zog er seine kurzen Hosen runter und fingerte mit seinen dreckigen Pfoten an seinem Ding herum.

Noch vor dem Abschluss der Hauptschule ging er weg aus dem Dorf, um Arbeit zu suchen. Ich bestand die Aufnahmeprüfung für eines der besseren Provinzgymnasien und ging ebenfalls weg. Doch ich fühlte mich in der Stadt nie richtig wohl und fürchtete, nicht die passenden Schuhe zu tragen. Beim Halbjahresexamen schrieb ich in einem Aufsatz, dass ich am liebsten die Stadt verlassen möchte, um auf dem Land Weizen und Mais zu pflanzen. Mein Chinesischlehrer gab mir die höchste Punktzahl, schrieb aber als Kommentar darunter: *Geh bloss nie zurück.*

Sieben Jahre später bekam ich eine gute Stelle, fühle mich seitdem in meinem Freundeskreis wohl und lebe, was man ein anständiges Leben nennt. Ich schäme mich nicht mehr für meine Herkunft, weil ich denke, dass ich das alles hinter mir gelassen habe und jetzt «ein freier Mensch» geworden bin. Aber jedes Mal, wenn ich Berichte über Wanderarbeiter lese, muss ich an Wang Langs verlorene Finger denken. Dabei wird mir klar, dass zwischen seinem und meinem Leben nur ein kleiner Schritt liegt.

Im Sommer 2017 dann habe ich ein zerschlissenes T-Shirt und meine schlechtesten Schuhe aus der Mottenkiste geholt – ein grünes Uniqlo-Shirt mit einem schwarzen Drachen auf der Brust – und ein Paar Converse, die noch ziemlich neu waren, die ich aber nach einer Woche weggepackt hatte, weil sie von schmutzigen Regenpfützen verdreckt worden waren. Das war meine Ausstattung für Shenzhen, wo ich lernen wollte, wie das Leben eines Wanderarbeiters aussieht. Ich betrachtete die Verkleidung als eine Art Notwendigkeit, sie gehörte zu meiner Pflicht als investigativer Reporter, schliesslich bin ich kein Schriftsteller. Aber von dem Augenblick an, an dem ich meine Sachen packte, fühlte ich mich wie ein Heuchler. Vielleicht würde ich nicht in der Lage sein, ein gewisses Überlegenheitsgefühl abzulegen, mich vom Schmutz angewidert zu fühlen, oder mich auf eine heuchlerische Weise verantwortlich fühlen. Diese Befürchtungen sollten sich nicht bewahrheiten Es kam viel schlimmer.

BILLIGE ABSTEIGEN

Bei der Abreise war ich meiner Sache nicht so sicher. Zumindest würde mir meine Herkunft vom Lande helfen, mich nicht so schnell zu verraten. Doch kaum, dass ich meinen Fuss auf den Tagelöhnermarkt in Sanhe setze, wird mir klar, wie falsch ich gelegen habe. Es heisst, die Sanhe-Götter könnten sich keine drei Mahlzeiten am Tag leisten, sie seien frustriert und fertig, aber in Wirklichkeit scheinen sie mir alles andere als schlechter Dinge zu sein. In der grossen Halle des Marktes sind nur die Neuankömmlinge verunsichert, schlurfen mit gerunzelter Stirn und hochgezogenen Schultern mit ihrem Gepäck herum, als fürchteten sie, auf eine Mine zu treten. Wohingegen die echten Sanhe-Götter mit entblössten Fettbäuchen bestgelaunt in ihren Flipflops umherwatscheln, als hätten sie die ganze Welt nicht nur gesehen, sondern als gehörte sie ihnen.

Ich habe mir vorgenommen, mich nicht mit derben Ausdrücken zurückzuhalten, aber ich schaffe es immer nur, sie an den Anfang meiner Sätze zu stellen: «Scheisse, zwölf Yuan die Stunde? Gibt es keine vernünftigen Tagesraten, Bruder?» Ich stehe vor den Aushängen mit den Arbeitsangeboten und versuche, mit den Arbeitern neben mir ins Gespräch zu kommen. Schnell lerne ich, dass sie ihre Obszönitäten lieber adverbial verwenden: «*** bin ich heute *** zu dieser *** Fabrik gegangen und der *** Vermittler erzählte was von *** nicht hart, von wegen *** nicht ***hart!» So richtig gut ausdrücken können sie sich nicht, aber sie haben diesen Überschwang. Dann fragt mich einer: «Gerade nach Sanhe gekommen, was?» Stammelnd antworte ich: «Ich bin auf der Suche nach meinem Bruder, der ist seit einem Jahr nicht nach Hause gekommen.» Später erfahre ich, dass die Sanhe-Götter nicht nur sofort wissen, wer einer von ihnen ist, sondern mit Röntgenblick sofort erkennen, wer Geld hat und wer nicht. Letzteres ist nicht besonders schwer, denn sie haben alle kein Geld. Sicherheitshalber habe ich nur meinen Ausweis, ein altes Handy und dreissig Yuan bei mir.

Die Sanlian Lu durchzieht Sanhe von Süden nach Norden. Der Tagelöhnermarkt im äussersten Norden ist das Zentrum für diejenigen, die einen Job suchen oder so tun, als ob, während die Gegend um Jingle im Süden die reinste Spielwiese ist. Dort drängt sich die Kundschaft in billigen Internetcafés und die Inhaber von Restaurants und Imbissbuden preisen per Megafon ihre Menüs an. An den Internetcafés stört vor allem, dass die Toiletten kaum benutzbar sind. Weniger, weil sie so dreckig wären, sondern weil sich die Leute dort waschen oder Dinge tun, von denen ich gar nicht reden will. Hinter traditionell anmutenden Torbögen versteckt, die ganze Sanlian Lu abwärts bis zum südlichen Ende, liegt die letzte Bastion der heruntergekommenen Arbeiter – auf den steinernen Bänken unter den Bäumen im Longhua-Park liegen sie auch, aber wegen der vielen Mücken hält es dort nachts keiner aus.

Ich gehe zurück ins Zentrum des Dorfs, um eine preiswerte Unterkunft zu suchen, und finde eine, die den passenden Namen «Billigunterkunft» trägt. Der Inhaber fragt, was ich hier suche, schnappt sich meinen Ausweis und sagt: «Fünfzehn pro Tag.» Dann geht er mit mir in den dritten Stock und deutet auf eins der eisernen Doppelstockbetten. «Das obere ist deins.» An der Decke klappert ein Ventilator. Drei der zwölf Betten sind belegt, zwei Kerle schnarchen und der dritte schaut auf seinem Smartphone Pornos, hin und wieder hört man die Stöhngeräusche. Als ich mich auf meine Pritsche hangele, muss ich feststellen, dass der Gestank im Zimmer nicht nur von den vor Exkrementen starrenden Toiletten stammt, sondern auch von den Laken, die seit einer Ewigkeit nicht gewaschen wurden und voller bräunlicher Flecken sind.

Nach wenigen Tagen finde ich, dass ich mittlerweile schon ganz gut hierherpasse. Mein Haar klebt strähnig am Kopf, auf meinem T-Shirt prangt eine weisse Schweissspur, die Beine unterhalb der Knie sind voller Wanzenbisse, die zum Teil eitern und aufplatzen. Ungeachtet dessen komme ich immer noch nicht so richtig an die Sanhe-Götter heran. Sobald ich zu ihnen hingehe und frage: «Wo kommst du denn her, Bruder?», werfen sie ihre Melonenschalen weg und gehen. Keine Ahnung, was ich falsch mache. Morgens komme ich gar nicht früh genug aus dem Bett, allein schon, weil es mir nicht besonders gut geht. Vom Fenster aus sehe ich Wanderarbeiter, die am Strassenrand schlafen. Sofort fühle ich mich schuldig und mache mir Vorwürfe. Hör auf, so viel nachzudenken, sage ich mir, sonst hältst du es gar nicht mehr aus.

Auf meinen Streifzügen durch das Dorf muss ich immer wieder an Wang Lang und andere Kindheitsfreunde denken – und daran, ihnen hier vielleicht zu begegnen. Als ich aufs Gymnasium wechselte, haben viele von ihnen auf Jobsuche das Dorf verlassen. Wir haben uns immer zum Frühlingsfest wiedergesehen. Das Haar glänzend gekämmt, schnippten sie sich dann geschickt eine Zigarette in die Mundwinkel. Das waren früher die Platzhirsche des Dorfs, rauchend, raufend, motorradfahrend wie die Berserker, Baumhäuser bauend und mit ihren abgemagerten Kötern kilometerweit Kaninchen im Schnee jagend – sie verkörperten alles, was angesagt war. Und nachher? Ich habe nie darüber nachgedacht. Ich stelle mir vor, wie ich mit ihnen über den Tagelöhnermarkt gehe, die Jobangebote von Elektrofirmen durchgehe, von Spielzeugfabriken, Restaurants, Logistikzentren, wie wir uns nach Löhnen und Arbeitszeiten erkundigen. Aber das sind alles nur oberflächliche Fantasien. Im Grunde kann ich mir nicht vorstellen, wie es wäre, ihnen von Angesicht zu Angesicht gegenüberzustehen und uns gegenseitig misstrauisch zu beäugen.

«Willst du nicht bei Foxconn anfangen?», spricht mich plötzlich ein hagerer kleiner Kerl an. «Wenn du dir's nicht bald überlegst, wirst du warten, bis du schwarz wirst.»

DIE GEHEIMBASTION

Erst einen Monat später wird mir klar, dass der Hagere, der Xiao Zeng heisst, es faustdick hinter den Ohren hat. Es hatte ihn einigen Mut gekostet, die Umstehenden anzusprechen und zu sagen, was keiner aussprach: Ihr seid nichts als Müll, lebt wie die Hunde und bekommt sowieso nichts auf die Reihe. Nicht, dass diese Einsicht besonders originell gewesen wäre, wir waren längst gewohnt, als «Müll», «menschlicher Abschaum» oder «Guabi» bezeichnet zu werden – das Wort Guabi wurde sozusagen für uns erfunden, es heisst am Ende sein, ein Versager, einfach nur fertig im schlechtesten Sinn. Xiao Zeng gehört zu denen, die immer noch davon träumten, aus diesem traurigen, verzweifelten Dasein auszubrechen. Wir staunten.

«Also, wie wär's, willst du es einmal bei Foxconn versuchen?», fragt Xiao Zeng. «Die sind strikt dort, aber die Arbeit ist okay, man kommt gut damit zurande.»

Schon jetzt hat sich mein heroischer Geist vom Beginn meiner Reise längst in Luft aufgelöst. «Mal sehen», antworte ich.

«Bist du dreckig oder nicht?», setzt Xiao Zeng nach ein bisschen Small Talk noch einmal nach. Seine undurchsichtigen Augen blinzeln unter den dichten, schwarzen Augenbrauen. Er zerrt an seinem verschwitzten schwarzen T-Shirt und stopft den Saum in die wegen seiner Magerkeit viel zu gross wirkende Jeans. «Wenn du nicht dreckig bist, kannst du bei mir pennen.»

Xiao Zeng schleppt mich mit um die Ecke, in die nächste Gasse zu einem Wohnblock. Er rennt so flink die Treppe hinauf als gelte es das Leben. Erst vor einer Woche hat er diesen Ort entdeckt. Die Dachterrasse steht voller Gerümpel. Er hat sich einfach von den Bewohnern ein paar Laken und Matten «ausgeborgt» und sie dort ausgebreitet. Seine Bettstatt liegt jetzt ordentlich aufgerollt auf einem grossen Farbeimer. Ich bin ihm gefolgt und stakse über zerbrochene Blumentöpfe. Xiao Zeng deutet auf die Wohnblöcke ringsum. «Solange niemand auf die Dachterrasse kommt, können wir hier schlafen. Besser als am Strassenrand.» Beim Anblick dieser Gerümpelhalde frage ich mich, wie er darauf gekommen ist zu fragen, ob ich dreckig sei. Aber er scheint mächtig stolz und weist mich an, mir das Gebäude gut einzuprägen. Wenn sein Bewerbungsgespräch bei Foxconn am Nachmittag gut laufe, dann könne ich seine Geheimbastion erben.

Als wir wieder vor dem Gebäude stehen, will er wissen, was ich vorhabe. Ich zeige auf die andere Strassenseite. «Ich gehe da drüben ins Internetcafé.» Mit einer wegwerfenden Handbewegung dreht er sich um und stapft zur Bushaltestelle.

Durch die langen Ladenzeilen entlang der Sanlian Lu wirkt das Dorf augenscheinlich sauber und aufgeräumt. Betritt man einen der Internetläden, ergibt sich gleich ein anderes Bild. Überall chaotische Kabelbündel, die wie Venen von der Decke hängen, Elektrokabel, die vom Internetcafé zum nächsten Restaurant laufen und sich dann um den Kasten der Klimaanlage winden, hinaus auf die Strasse, nach Werweisswohin. Draussen lehnen ein paar Sanhe-Götter auf dem Boden sitzend an der Wand, ohne sich um die Passanten oder um das schmutzige Abwasser der Imbissbuden zu kümmern, oder die Strassenkehrer, die gerade mit Wasserschläuchen die Strasse abspritzen. Trotz der regelmässigen Strassenreinigung mischt sich permanent ein fauliger Geruch mit der Sommerhitze.

Vor dem Happy Gambler-Internetcafe steht eine Gruppe Anwohner. Ein Wanderarbeiter ist gerade auf einer Bahre hinausgetragen worden. Als die Ambulanz davonfährt, lausche ich dem Gespräch zweier Frauen: «Da kam dieser gut aussehende Typ, der vor Hunger nicht mehr laufen konnte. Der stand da vor dem kleinen Imbiss und der Sabber rann ihm nur so aus dem Mund. Die Gute hat ihm eine Schüssel gebratene Reisnudeln gegeben, aber er hat sich nichts zu essen getraut, obwohl sie ihm versichert hat, dass es umsonst wäre und er's einfach mitnehmen soll. Aber der Typ hat nur geglotzt und nichts gegessen. Wenn du mich fragst: Dem war nicht zu helfen vor lauter Selbstmitleid.»

«Man sieht doch, wie viele auf der Strasse hausen, ich würde denen gerne was zum Anziehen bringen, dreckig, wie die sind. Die haben doch bestimmt Eltern. Wie kann das sein?»

«Ich habe dem armen Teufel einen Zehner gegeben, aber er wollte ihn nicht annehmen. Da habe ich gefragt, was ist denn los mit dir? Und er sagt, er hätte was verloren.»

«Die vergeuden ihre ganze Energie nachts im Netz, kein Wunder, dass die es am Tag nicht mehr schaffen, einen Job zu suchen. Die, die arbeiten, sehen doch noch ganz fesch aus, aber wenn sie aus den Internetläden kommen, meine Güte, wie Gespenster!»

Die mitleidigen Frauen trennen sich, eine geht zurück an die Arbeit im Café, die andere bleibt auf der Strasse und wirbt lauthals Kundschaft für ein Hotel.

Die Internetcafés sind selten leer, selbst nachmittags findet sich kaum ein freier Platz. Ich bekomme einen Computer in der Ecke zugewiesen und sitze ein wenig hilflos vor dem Bildschirm. Der Gott links von mir lässt seinen Helden gerade durch dichtes Gras hüpfen und der Kerl rechts von mir scrollt mit selbstzufriedenem Grinsen durch Pornoseiten.

Zwei Stunden später berührt mich jemand an der Schulter. Es ist Xiao Zeng. «Du bist schon zurück? Wie war das Gespräch?»

«Scheiss drauf.» Er schaltet das Gerät neben mir ein. Foxconn ist gerade dabei, das neue iPhone X herzustellen und sie suchen dauernd Leute. Sie nehmen fast jeden, der zwei Hände hat. Ausser Xiao Zeng sind noch siebzehn weitere interviewt worden, von denen sich fünfzehn nach dem kostenlosen Mittagessen aus dem Staub gemacht haben. Xiao Zeng haut wütend mit der Faust auf sein Keyboard. «So eine Scheisse. Ich habe noch nicht einmal mit der Arbeit angefangen und die von der Agentur erzählen mir was von wegen, dass ich ihnen zweihundert schulde, für den Gesundheits-Check und die Fahrtkosten und Wasweissich. Ich hab mir meinen Ausweis geschnappt und weg war ich.»

Er startet eine Runde *League of Legends* und lädt mich ein, zusammen zu spielen. Anfangs halten wir uns nicht gut und unsere Teamkamaraden haben sich längst ergeben. Aber Xiao Zeng ist mit Feuereifer dabei. «Nicht aufgeben! Wir können noch gewinnen!» Er starrt auf den Bildschirm, während seine Finger geschickt mit der Maus hantieren. Manchmal schreit er euphorisch auf und als wir das Spiel tatsächlich noch für uns entscheiden, lässt er die Maus fallen und lacht: «Einfach geil, oder?»

«Komm, wir stecken uns eine an.» Xiao Zeng stösst seinen Stuhl zurück und kauft uns an der Theke zwei Zigaretten Marke Nanjing, eine fünf Mao[4]. Dann geht er vor die Tür und lehnt sich an einen Elektromast. Auf der Strasse kommen Autos und Fussgänger vorbei, als folgten sie einem kalten und kalkulierten Automatismus. Stumm raucht Xiao Zeng seine Zigarette. Dann verdunkelt sich plötzlich seine Miene. «Wieder ein verdammter Tag vergeudet.»

[4] 1 Mao = 0,10 Yuan

POLIZEISTATION LONGCHENG

Zwei Tage später, ich habe gerade mein T-Shirt ausgezogen und will mich schlafen legen, kommt eine SMS von Xiao Zeng. Er habe den ganzen Tag nichts gegessen, er fühle sich nutzlos und wolle sterben. Er stehe gerade auf der Dachterrasse.

Ich packe ein paar Baozi [gefüllte Hefeteigtaschen] und Mineralwasser ein und gehe sofort los zu dem Wohnblock, den ich mir nach Xiao Zengs Anweisung «gut gemerkt» habe. Als ich die dunklen Stufen erklommen habe, sehe ich seinen hageren Schatten am Ausgang zur Dachterrasse.

«Wenn es nicht mehr geht, geh besser nach Hause», sage ich zu ihm.

«Nach Hause? Da gibt es nichts zu verdienen.»

«So geht es vielen, aber deshalb musst du nicht gleich Unfug anstellen.»

«Nach Hause gehen bringt gar nichts, da sitzt man den ganzen Tag und dreht Däumchen. Mein grosser Bruder ist im Knast. Wenn er rauskommt, drehe ich mit ihm zusammen ein grosses Ding.» Sein Bruder hat sehr jung angefangen, auf dem Land Drogen zu verticken, dann in der Stadt damit weitergemacht und immer gut verdient dabei. Unter der Matratze hortete er einen Haufen Geldscheinbündel. Als sie ihn schnappten, fürchtete Xiao Zeng, in die Sache hineingezogen zu werden, und suchte, allein auf sich gestellt, das Weite. Erst verschlug es ihn nach Wuhan, dann nach Peking, Schanghai, Hangzhou, Wenzhou, wo er immer neue Jobs annahm. Schliesslich ist er in Sanhe gelandet. Seine Familie weiss, dass er finanziell auf keinen grünen Zweig kommt, und meldet sich nicht mehr, was Xiao Zeng nicht sonderlich stört.

«Ein bisschen Geld lässt sich immer verdienen.» Er mampft ein Baozi. Auf seiner vollen Backe prangt ein dicker Pickel. «In den grossen Metropolen gibt es jede Menge Drogendealer. Aber das ist gerade nichts für mich, das mache ich dann, wenn mir gar nichts mehr anderes übrig bleibt.»

Auf diese Weise breitet Xiao Zeng seine Geheimnisse vor mir aus, während ich ihm nicht verrate, dass ich kein echter Sanhe-Gott bin. So oder so sind wir nach diesem Gespräch «Freunde», nicht mehr nur zwei Wanderarbeiter, die sich zufällig getroffen haben.

In den folgenden zehn Tagen verbringen wir ganze Nächte zusammen in Internetcafés und radeln mit Leihrädern ohne Sattel durch die Gegend. Er klärt mich auf, welche Arbeit man in Sanhe annehmen sollte, nämlich jede. Er hat auch Ratschläge in puncto Ehe parat: Heirate bloss keine vom Land, die noch nichts von der Welt gesehen hat. Ich solle mit einem der Mädels von der QQ Dance Bar ausgehen, mir aber erst ein paar gute Sprüche zurechtlegen. An einem Nachmittag will er mir offensichtlich etwas sagen, bringt es aber nicht heraus und läuft stattdessen rot an. Was denn los sei, frage ich. «Ob du mir einen Zehner für Essen leihen könntest? Ich geb's dir zurück.»

Die Freundschaft mit Xiao Zeng tut mir gut, es ist eine unmittelbare, eindeutige «Ich bin für jemanden nützlich»-Erfahrung. Vermutlich, das muss ich mir eingestehen, geniesse ich auch das Gefühl, etwas Besseres zu sein, aber ich blende es ganz gut aus.

Einmal sitzt Xiao Zeng vor dem Jiesu Internetcafé und zeigt auf einen Typen mit blauem T-Shirt und wachem Blick. «Den Wichser habe ich am Longhua-Busbahnhof kennengelernt.» Xiao Zeng wusste in jener Nacht nicht, wohin, und als er irgendwann am Busbahnhof aufwachte, hatte ihm eine gutmütige Seele zwei Yuan hingeworfen, von denen er sich eine Flasche Wasser gekauft und mit dem Kerl neben ihm geteilt hat.

«He, Bruder, wie heisst du?», frage ich.

Er zögert. Ich will schon das Thema wechseln, als er leise sagt: «Zhang Weiwei.»

Xiao Zeng steht vom Stuhl auf. «Sieh mal her.» Er hebt den linken Fuss, der in einen schon ganz schwarz gewordenen, sterilen Verband gewickelt ist. Vergangene Nacht hatten ihn zwei Sanhe-Götter um Hilfe gebeten, behaupteten, sie hätten den ganzen Tag nichts gegessen und dass sie ja arbeiten wollten, aber weder Ausweise noch Schuhe besässen. Xiao Zeng nahm sie mit auf seine Dachterrasse. Bei Sonnenaufgang weckten ihn eilige Schritte auf der Treppe. Sofort griff er nach seiner Tasche und stürmte ihnen barfuss hinterher. Er kam nicht weit, weil er in Glasscherben trat, die ihm den Fuss aufrissen.

Jetzt ist er sein Handy los. Er war sogar auf der Polizei und hat angezeigt, dass er ausgeraubt worden ist. «Nie wieder helfe ich einem, den ich nicht kenne. Die von der Polizei meinten nur, ich soll mich vor Typen mit dreckigen Klamotten in Acht nehmen.» Dem einen Polizisten tat Xiao Zeng so leid, dass er ihm zweihundert Yuan «für den Notfall» geschenkt hat.

Im Nachhinein denke ich, dass Xiao Zeng sich wirklich nach Freundschaft sehnte, er war bereit, selbst das bisschen, das er hatte, dafür zu geben. Seine ungewöhnliche Solidarität wirkte auf die einen ritterlich, auf die anderen einfach nur dumm. Aber ganz uneigennützig war seine Freundlichkeit nicht. Jeden, den er traf, fragte er zuerst: «Wie wär's, wenn wir uns zusammen Arbeit suchen,

Bruder? Ein Mensch ist schliesslich kein Stück Holz, der braucht Gesellschaft.»

Xiao Zeng humpelt herum und will losziehen, um zu sehen, was es auf dem Tagelöhnermarkt gibt. Zhang Weiwei schliesst sich ihm an, auf einem ausrangierten gelben Leihfahrrad, das nur ein Pedal hat. «In Sanhe kann man nicht leben», sagt er, «du stirbst von Tag zu Tag ein bisschen mehr. Früher war ich nicht so faul und träge, ehrlich.» In Huizhou hat er einmal als Schuldeneintreiber gearbeitet, was bedeutete, dass er den Schuldnern Särge schickte und dafür ein paar Tausend Yuan kassierte. Bis er selbst zwischen die Mühlen geriet und am Ende in Sanhe gelandet ist. Seit er hier ist, hat er kaum Jobs angenommen. Auf dem Tagelöhnermarkt ist viel los. Arbeiter umringen die Vorarbeiter, die Leute suchen, lassen sich aber Zeit mit der Entscheidung, ob sie mitgehen wollen oder nicht. Am Nachmittag suchen nur noch die Logistikzentren und Restaurants Aushilfen. «Sollen wir?», fragt Xiao Zeng. Zhang Weiwei blickt skeptisch drein. Mit Logistik hat er schlechte Erfahrungen. «In den grossen Kisten stecken immer zerbrechliche Sachen, französischer Rotwein oder Sojasauce in Glasflaschen. Wenn du was kaputt machst, musst du dafür blechen.» Lieber gelähmt, als sich zu Tode schuften, ist seine Devise. Xiao Zeng ist enttäuscht. «Na gut. Wieder ein Tag vorbei.»

Wir haben alle drei ein ramponiertes Leihfahrrad gefunden und fahren die Sanlian hinunter zum Longhua-Park, vorbei an verödeten Baustellen, grossen Plätzen und geschäftig aussehenden Städtern. Wir nehmen Umwege, fahren durch unbekannte, enge Gassen, immerzu klingelnd. Zurück auf der Strasse spüren wir den kühlen Abendwind.

Ich muss an mein letztes Jahr auf der Schule denken. In der heissen Prüfungsphase im April fuhr ich oft mit dem Rad, allein und ziellos durch die nicht sehr florierende Stadt. Das höchste Gebäude hatte nur zwölf Stockwerke, aber einen prätentiösen Namen – World Trade Center. Damals war das Stadtleben mir noch fremd und die Zukunft unendlich weit weg. Nie habe ich mich ausgeglichener gefühlt. In den Strassen von Shenzhen ist dieses Gefühl wieder da und ich frage mich, woran das liegen mag, bin aber völlig ratlos.

Als die Strassenlaternen angehen, fahren Xiao Zeng, Zhang Weiwei und ich sinnloserweise zurück zum Internetcafé. Noch bevor wir die Computer eingeschaltet haben, ruft ein Polizist in das Café hinein: «Xiao Zeng!»

Es stellt sich heraus, dass die Räuber, die Xiao Zengs Telefon mitgehen liessen, von einem Ort zum anderen gerannt sind, um der Polizei zu entgehen. Irgendwann waren sie so ausser Puste, dass sie noch am selben Abend gefasst wurden.

Auf dem Rücksitz eines Elektrorollers der Polizei wird Xiao Zeng zur Wache gefahren. Als er zurückkommt, ist er ausser sich vor Freude: «Stellt euch vor, entschuldigt haben sie sich bei mir, die beiden Arschlöcher! Die werden für eine Weile sitzen, mindestens drei Jahre! Widerliches Pack. Geflennt haben sie. Was soll das, sich bei mir zu entschuldigen? Einer hat mich gebeten, ihn zu ohrfeigen. Von wegen. Ich habe ihm geantwortet, dass ich nicht einmal Lust hätte, ‹Leck mich› zu ihm zu sagen.»

RECYCLINGSTATION FÜR DIEBESGUT

Ein Taifun kommt vom Meer her und der Himmel über Shenzhen trübt sich, in den letzten Tagen herrscht ständiger Wechsel zwischen Sonne und Regen. Seit ich Xiao Zengs Bekanntschaft gemacht habe, schlafe ich viel besser auf meiner Pritsche, verstehe mich viel besser auf dreckige Ausdrücke und gehe sogar manchmal mit nacktem Oberkörper auf die Strasse. Je länger ich mich unter den Sanhe-Göttern herumtreibe, desto mehr wird alles Vulgäre nicht nur möglich, sondern notwendig – es ist eine Form des Widerstands. Irgendwann schämt man sich nicht mehr wegen der verächtlichen Blicke der zivilisierten Bevölkerung, sondern entwickelt eine trotzige Arroganz, die den besten Selbstschutz bietet.

Gegen Mittag suche ich wie üblich Xiao Zeng auf. Er sitzt in der Hocke auf den Stufen vor dem 24-Stunden-Laden und sieht einem Wanderarbeiter zu, der Münzen wirft, um das Orakel zu befragen. «Sag mir, ob ich ins Gefängnis muss oder nicht.» Xiao Zeng hat den Arm um ihn gelegt, hebt die Kupfermünzen vom Boden auf, wendet sie hin und her und betrachtet sie eingehend.

Der Wahrsager fährt sich durch das schlohweisse Haar. Er hat in Sanhe schon zu viel Staub von den Strassen eingeatmet und schon genug verschleierte Blicke gesehen. Um ihr Schicksal zu beeinflussen, würden die Leute fast alles tun, die Armen wie die Reichen. Einmal hat ihn einer bestellt, um einen Stein in seinem Garten zu versetzen, und ihm Hunderttausend dafür angeboten. Ein anderer hat seinen Rat, das Pech durch Geld zu vertreiben, so ernst genommen, dass er eine Million in bar in den Fluss geworfen hat. Der Wahrsager packt die Münzen weg und murmelt etwas vor sich hin, etwa wie: Die Zeit der Einbrüche sei vorüber, jetzt warte das Glück um die Ecke.

Der Wanderarbeiter ist skeptisch, zahlt aber den Wahrsager wie vereinbart, sein Blick so verloren wie zuvor. Noch vor einem halben Jahr war er bei einem staatlichen Unternehmen angestellt, aber dann fing er an zu spielen. Als seine Schulden immer grösser wurden, floh er nach Guangzhou und begann mit einem Komplizen, in Wohnhäuser einzubrechen. Er hat Sachen im Wert von etwa zwanzigtausend gestohlen und lebt seither in ständiger Furcht, aufzufliegen. «Ich wäre so gern ein nützlicher Mensch», sagt er. Er habe vorgehabt, sein Blut zu verkaufen und damit eine Art Lieferservice aufzumachen, aber es habe nicht geklappt. «Verkauf du nur dein Blut», kommentiert Xiao Zeng. «Ich verrecke, wenn ich mein Blut verkaufe, hab schon zu wenig.»

Xiao Zeng hat die zweihundert Yuan, die ihm der Polizist geschenkt hat, innerhalb von fünf Tagen ausgegeben. Erst jetzt wird ihm klar, dass er das Geld für die Bewerbung um einen Job hätte brauchen können. Er hat nicht einmal mehr etwas für Essen übrig und ihm ist schwindlig vor Hunger. Wieder meint er, dass er sterben muss, denn mit Drogen dealen ist nichts für ihn und Arbeit hat er auch nicht. Wieder diese Sanhe-Magie: Sie verwandelt den menschlichen Willen in eine Schlammpfütze, in die alle Ambitionen fallen, gute wie schlechte. Von seinen letzten zwei Yuan kauft er zwei Baozi, von denen er Zhang Weiwei eins abgibt. Dann fahren sie zusammen zum Longhua-Park, um Wasser zu trinken.

Überall auf den Parkbänken liegen Wanderarbeiter. Auf dem kleinen Platz nur zehn Meter entfernt spielt jemand Geige und die Nachbarschaft sitzt im Park um kleine Tische und spielt Schach oder studiert Lieder ein. Zhang Weiwei filmt es mit dem Smartphone und schickt mir das Video. Der kleine Film zeigt auch Xiao Zeng, der in einem Pavillon liegt, zu hungrig zum Schlafen und ständig «Wir sind am Ende» murmelnd. Dann springt er plötzlich auf und sieht sich um. Da niemand in der Nähe ist, schleicht er zu einem Elektroroller, stiehlt den Akku und rennt los in Richtung Dorf. «Lauf! Schnell!», ruft er.

Ich lege das Handy weg und verlasse meine Abstei-ge. Unten steht eine Gruppe demonstrierender Wander-arbeiter vor der Polizeiwache und skandiert: «Wir wol-len leben!» Die Stadtregierung hat genug vom schlechten Image des Viertels und plant eine neuerliche Säuberungs-aktion. Internetcafés mussten fortan nach Mitternacht schliessen. Wohnungen durften nicht mehr von Gruppen gemietet werden.

«Ihr behauptet, das Dorf wäre ein Zufluchtsort für Kriminelle, aber wir haben noch nie einen gesehen!» Die Sanhe-Götter werden immer aufgebrachter und fordern die Umstehenden zum Mitmachen beim Sturm auf die Wache auf. Xiao Zeng und Zhang Weiwei tauchen auf und gesellen sich zu mir. Sie grinsen. Als ob wir damit etwas erreichen würden.

Mit dem Akku unter dem Arm führt uns Xiao Zeng zum Supermarkt, damit wir uns drinnen nach Probier-schnittchen umsehen. Nach so langer Zeit in Sanhe ge-niesse ich den Anblick eines Supermarkts von innen. Die vielen Farben! Schnell ziehen wir an all dem Rot und Grün vorbei, aber ausser einem Teller mit Brotkrumen gibt es nichts zu kosten.

Der Supermarkt ist voll. Plötzlich schnappt sich Xiao Zeng drei Tomaten, steckt sie unter sein T-Shirt und macht uns ein Zeichen. Wir folgen ihm in eine stillere Ecke, wo die Paletten stehen. Dort nimmt er eine Tomate und ver-schlingt sie mit einem Bissen. Ich folge seinem Beispiel, stopfe mir die Tomate so hastig in den Mund und schlucke sie runter, als hätte ich Angst, mich mit Tomatensaft einzusauen. Nie hätte ich gedacht, dass Stehlen so einfach ist. Zhang Weiwei aber steht nur schamrot da. Er bringt es nicht fertig. Beim Hinausgehen schimpft Xiao Zeng: «Mensch, die waren nicht mal süss, sonst hätte ich wenigstens Lust auf eine zweite gehabt.»

Durch die Gasse östlich des Parks schlendern wir Richtung Norden, beim Longji-Krankenhaus biegen wir links ab, bis Xiao Zeng schliesslich die Recyclingstation für Diebesgut findet. Dort legt er den Akku auf die Waage. Dreizehn Kilo, sechs Yuan gibt es pro Kilo. Jetzt hat er wieder Geld und drückt mir gleich zehn Yuan in die Hand. «Hier, damit sind wir quitt.» Fröhlich steigt er auf sein Leihfahrrad und fragt uns unvermittelt: «Wollt ihr Kondome? Die gibt es umsonst vom Sozialdienst.» Er geht zu einem der Automaten. Dann winkt er mit der Schachtel Kondome, die er gezogen hat, einer Frau auf der Strasse zu: «He, wie wär's damit? Nur zehn Yuan die Schachtel.»

Wenn Xiao Zeng Frauengeschichten erzählt, dann immer dieselbe. «Neulich hat mich Bruder Pang eingeladen, mit ihm zu den Nutten nach Shawei zu gehen, achtzig Yuan nehmen die.» Ihm fällt es nicht leicht, auf Sex zu verzichten. Ständig starrt er auf der Strasse den Frauen nach und sagt zu sich selbst: «Warum riechen Frauen nur so verdammt gut?»

Zurück auf dem Tagelöhnermarkt lädt Xiao Zeng mich und Zhang Weiwei auf eine Runde Guabi-Bier und Guabi-Bananen ein. Er verrät uns, dass er doch an den Drogengeschäften seines grossen Bruders beteiligt gewesen sei. «Wir hatten so viel Spass und haben uns nie um irgendetwas Gedanken gemacht. Immerzu haben wir geraucht, Karten gespielt und uns den ganzen Tag Filme angesehen. Scheisse.» Traurig verzieht er das Gesicht und schleudert die noch halb volle Bierflasche gegen die Wand. Schaumig läuft das Bier an der Wand herunter und versickert im Boden.

Es ist schon bald Abend. Immer mehr Wanderarbeiter bevölkern den Tagelöhnermarkt. Die Vorarbeiter rufen Jobs aus: «Lieferservice, vierzehn die Stunde, freies Essen vor Arbeitsantritt!»

Xiao Zeng stellt sich wieder vor die Joblisten und studiert sie eine Weile. Dann dreht er sich um und zeigt auf ein Angebot. «Wie wär's damit?»

«Puh, sechs Stunden am Stück, viel zu anstrengend», meint Zhang Weiwei.

«Versuchen wir's doch mal. Wenn der Job okay ist, machen wir's. Lassen wir uns was zu essen geben, und wenn's nichts für uns ist, dann eben nicht.» Xiao Zeng sieht uns geradezu flehentlich an.

In diesem Augenblick begreife ich die Bedeutung dieses Blicks noch nicht. Erst später, als Xiao Zeng mit uns brechen und uns wüste Beschimpfungen hinterherschicken wird, wird mir klar, dass er den einsamsten Kampf der Welt mit sich ausficht: In einer Situation, die so trübe ist, dass einem schlecht wird davon, sieht man irgendwann nicht mehr klar, wer seine eigentlichen Feinde sind. Dein eigener Wille ist so fragil, dass er gar nicht mehr existiert, und alles, worauf du hoffst, ist ein dünner Faden, der dich mit der Welt verbindet, doch immer wenn du danach greifst, ist er schon wieder weg.

Zhang Weiwei und ich stehen Xiao Zeng gegenüber. Keiner sagt ein Wort. So faul ist Zhang Weiwei gar nicht, er fürchtet sich eher davor, Geld zu haben – wenn er einmal über fünfhundert Yuan bei sich trüge, würde er am ganzen Körper zittern wie bei einem kalten Entzug. Denn fünfhundert braucht man, um ins Jinsha-Casino gelassen zu werden. Schwer zu sagen, worunter Zhang Weiwei mehr leidet – zwei Tage ohne Essen, oder das vernichtende Gefühl, keine Selbstbeherrschung zu haben.

Xiao Zeng ist sauer. «Es geht doch nur um ein Essen, kapiert?» «Wie kann man essen, ohne dafür zu arbeiten? Man geht doch auch nicht zu den Nutten, ohne zu blechen, oder?» Zhang Weiwei bleibt unnachgiebig. «Hast du's noch nie mit einem der Brutalos zu tun gehabt? Die schlagen dich zusammen, wenn du nach dem Essen nicht zu arbeiten anfängst.» Damit fangen die Zankereien zwischen Xiao Zeng und Zhang Weiwei an.

DER MINIBUS DER SKYWORTH-FABRIK

Mitten in meiner Undercover-Recherche taucht ein Freund von mir in Shenzhen auf. Weil er um meine Mission im Sumpf von Sanhe weiss, lädt er mich für eine Nacht in ein Fünfsternehotel ein.

Ich könnte mich in meiner einstudierten Heuchelei üben und meinem Freund versichern: «Ich weiss nicht, das würde mir wie Betrug an meinen Freunden vorkommen.» Aber ich habe nicht das geringste Bedürfnis dazu. Meine letzten Zweifel lösen sich in Luft auf, als ich den Speisesaal mit dem Selbstbedienungsbuffet betrete. Es ist ein Genuss. Weniger wegen des Essens, sondern weil ich aufrichtig und ohne jede Verlegenheit zum Küchenchef sagen kann: «Bitte nur eine halbe Portion Rib-Eye-Steak, ein ganzes ist mir zu viel.» Ich nehme die Gelegenheit wahr, meine WeChat-Gruppen[5] zu checken. Dasselbe wie immer: Freunde, die Fotos von ihrem Luxusdinner und

[5] WeChat ist das chinesische Pendant zu WhatsApp.

ihren Galeriebesuchen posten und dann von ihrem schlechten Gewissen berichteten, ja, sogar behaupten, ihr dekadentes Leben ändern zu wollen. Ein befreundeter Schriftsteller schreibt, dass der Hund, den er von der Strasse aufgelesen hat, seiner Schildkröte in den Panzer gebissen hat und er wohl fünfhundert Yuan investieren müsse, um den Panzer und die Schildkröte wiederherzustellen. Zwei Tage später postet er die scherzhafte Ankündigung einer Trauerfeier für die Schildkröte.

Zurück in Sanhe suche ich vergeblich nach Zhang Weiwei, während Xiao Zeng an einem Stand auf dem Tagelöhnermarkt sitzt und sich einen Hongkonger Mafiafilm ansieht.

Gestern Nachmittag ist Zhang Weiwei kurz vor dem Ziel aus dem fahrenden Bus gesprungen, der die beiden zu einer Elektrofabrik bringen sollte. «So eine Scheisse, ich hatte fast einen Nervenzusammenbruch, ständig dieses: Stelle finden, Rückzieher machen, Stelle finden, Rückzieher machen ...» Xiao Zeng hatte Zhang Weiwei mit sich in den Bus gezerrt. «Wie willst du ein neues Leben anfangen, wenn du nicht arbeitest?»

«Letzte Nacht habe ich ihn mit in eine Fressbude nehmen wollen, aber er wollte nicht. Ich wäre sofort mit ihm gegangen. Aber er wollte partout nicht. Und da wollte ich natürlich auch nicht, also waren wir zusammen am Arsch.» Tagelang ist Xiao Zeng sauer auf Zhang Weiwei, der schon wieder eine Arbeit abgelehnt hat, weil sie ihm «zu anstrengend» sei oder die Fabrik «illegal». Dann hält es Xiao Zeng nicht mehr aus und herrscht ihn an: «Zu anstrengend, zu illegal, scheiss drauf, wenn ich leiden muss, dann leide ich eben, aber diesen Mist hör ich mir nicht mehr an!» Zhang Weiwei mache ihm nur Ärger, sagt er zu mir. «Ich bin ein Mensch. Ich will nicht in diesem Loch verrecken.»

Der Hongkonger Mafiafilm handelt von einem jungen Kriminellen, der in der obersten Liga seiner Gangsterbande mitmischen will und vom Mafiaboss gemassregelt wird. Erst fügt er sich zähneknirschend, dann zieht er ein Messer hervor und ersticht den Boss. Die Sanhe-Götter sind schockiert. «Wenn ich jetzt nicht die Kurve kriege, bin ich am Arsch», murmelt Xiao Zeng, rennt zum nächstbesten Stand auf dem Tagelöhnermarkt und hält seinen Ausweis hin. «Für mich ist alles okay, Staubschutzanzug, Sieben-Tage-Woche, danach suche ich mir was Besseres, sonst ende ich ohne einen Yuan für einen Schluck Wasser.» Er dreht sich zu mir um und fragt: «Machst du mit? Gehen wir zusammen! Wir leben hier wie Köter. Los, lass mich nicht hängen, komm schon.» Er legt die Hand auf meine Schulter. «Komm mit, ja?»

Als ich nichts erwidere, sagt er: «Na gut, dann eben nicht. Ich kann nicht anders.»

Seine klägliche Miene macht mich traurig. Alles, was er jetzt braucht, ist ein Freund, der ihm zur Seite steht. Aber ich kann kein anderer Mensch werden und dieser Freund sein. Ich kann ihn nur betrügen. «Ich muss nach Hause», sage ich.

In fünf Minuten fährt der Bus ab und ich bete, dass Xiao Zeng nicht doch im letzten Moment noch aufgibt, denn ich weiss, was das bedeuten würde. Er hockt auf der Treppe und zündet sich eine Zigarette an.

Immer wieder die gleichen Szenen auf dem Tagelöhnermarkt. Unter den Gammlern ist ein Fettwanst mit nacktem Oberkörper, der versucht, den Code des Zahlenschlosses eines Fahrrads zu knacken, er probiert alle Kombinationen durch, an Zeit mangelt es ihm nicht. Plötzlich fängt es an zu regnen. Alle rennen los, um sich unterzustellen, und kaum stehen sie unter einem Dachvorsprung, hört der Regen auf und die Leute fluchen.

Xiao Zeng wendet sich noch einmal an mich und erzählt, sein Schlafplatz auf der Dachterrasse sei vernichtet worden. Gestern sei er seine Sachen holen gegangen und alle seine Laken und Matratzen seien verschwunden gewesen. Keine Bettstatt mehr zum Schlafen. Als ich das letzte Mal mit ihm oben war, hatte er gesagt, wenn einer sich wage, seine Sachen zu stehlen, «dann bring ich den Wichser um». Seine armselige Behausung, das ist mir dabei klar geworden, hat ihm mehr bedeutet als nur ein Schlafplatz.

«Der ständige Anblick dieser Sanhe-Götter macht mich krank», schimpft er und wirft seinen Zigarettenstummel weg. Die Namensliste für den Transport zu Skyworth wird verlesen. Xiao Zeang ruft «Hier!», als er seinen Namen hört, und folgt der Alten, die ihn aufgerufen hat. «Ich gehe dann. Wir sehen uns.»

Er schiebt sich in den Minibus. Kaum, dass er sitzt, sagt der Fahrer: «Bildschirmrauschen zu testen tut den Augen weh, ist das okay für dich?» Der Wanderarbeiter neben ihm erzählt Xiao Zeng, dass er es nach ein paar Tagen nicht mehr ausgehalten hat. «Schadet das den Augen nachhaltig?», fragt Xiao Zeng. «Woher soll ich das wissen?», antwortet der andere patzig.

Xiao Zeng macht ein seltsames Gesicht. Stumm sieht er mich an. Ich zermartere mir das Hirn, um ein paar vernünftige Abschiedsworte zu finden, aber meine Kehle ist wie zugeschnürt. Der Bus fährt los, zum Eisentor hinaus und verschwindet in der Sanlian Lu. Xiao Zengs Weggang hier ist völlig unbedeutend. Sanhe wird sich wahrscheinlich niemals verändern.

EIN TAIFUN IN DER STADT DER WUNDER

Da es in der Nacht, in der der Taifun erwartet wird, für die Sanhe-Götter zu gefährlich sein könnte, auf der Strasse zu schlafen, öffnet die Stadt die Longhua-Grundschule als Unterschlupf. Brav posiere ich mit ausdrucksloser Miene vor dem Leiter der Unterbezirksverwaltung, der von jedem ein Foto schiesst. Ich nehme eine Flasche Wasser und eine Dose Acht-Köstlichkeiten-Brei und gehe an glänzenden Wasserpfützen vorbei zur Basketballhalle. An der Nordwand der Halle liegen schon Hunderte von Göttern herum. Zhang Weiwei winkt mir zu und fordert mich auf, den Platz neben ihm zu nehmen. Noch vor ein paar Tagen hat er mir und Xiao Zeng eine SMS geschickt, in der es hiess, dass er keinen Sinn mehr in seinem Leben sehe und sterben wolle. Sollte er die Nacht überleben, würde er sich jedoch zusammenreissen und einen Neuanfang wagen. Der Zufall wollte, dass er einen Job in einer Fabrik gefunden hat, wo er am «Flugband» arbeiten musste, ein Fliessband, das so schnell ist, als würde es von einem Flugzeug gezogen. Er war viel zu langsam und die Bauteile türmten sich meterhoch vor ihm. Der Vorarbeiter schrie ihn an, aber er bekam es nicht in den Griff und warf wütend den ganzen Turm um.

Seine Exfreundin, die weiss, wie schlecht es ihm geht, hat ihm tausend Yuan anweisen lassen, aber die hat er längst wieder verspielt.

«Hat Xiao Zeng dich zum Essen eingeladen?», will er wissen.

«Nein.»

Zhang Weiwei versteht nicht, was mit Xiao Zeng los ist, er findet nur, der sei «geizig».

Nachdem er ein paar Tage bei Skyworth gearbeitet hat, hat uns Xiao Zeng ein Video an unsere Chatgruppe geschickt. Darauf sieht man ihn, wie er in Unterwäsche neben lachenden und lärmenden Kollegen im Bett liegt. Seine Arbeit sei nicht leicht, viele hätten schon aufgegeben, aber er halte durch, schrieb er. Zu der Zeit, als wir im Supermarkt die Tomaten stahlen, wog er nur 42,5 Kilo, inzwischen sei er schon bei 46,5 Kilo. Wenn er in einem Monat keine 48 Kilo wiege, werde er vor uns Scheisse fressen.

Sein Groll auf Sanhe ist noch nicht verflogen. «Diese Hunde haben mir ihren schlechten Einfluss ins Fell gerieben. Jeden Tag sind wir zum Tagelöhnermarkt gegangen, aber die Kerle waren sich immer zu fein für alles und haben mich in ihre Kloake runtergezogen, haben mich durch die Gegend geschleppt, mir was zu essen gegeben, damit ich mich nur noch beschissener gefühlt habe.» Da ich zu denjenigen gehörte, die ihm ab und zu etwas zu essen spendierten, bin wohl auch ich damit gemeint. Aber ich freue mich für ihn, jedenfalls für den Augenblick, denn ich bin mir nicht sicher, ob er nicht doch wieder zurückkommt.

Draussen vor der Basketballhalle heult der Wind immer heftiger. Die ersten Sanhe-Götter beginnen zu schnarchen. Man hört den Verkehr auf der Schnellstrasse im Osten, sieht das Licht der Scheinwerfer durch die Fensterscheiben blitzen, das die Sammlung internationaler Fahnen erhellt, die die Decke zieren. Zufälligerweise liegt jeder von uns genau unter dem Rechteck einer Fahne. Spanien erzählt, er habe mal im Leichenschauhaus Leichen gewaschen, sechzehntausend in zehn Tagen habe er verdient. Zwar habe er jede Nacht Seufzer gehört, aber so gutes Geld lasse sich nun mal nicht leicht verdienen. Die Mongolei schlägt vor: Lasst uns freundlich miteinander plaudern und unsere Brüderschaft bekräftigen. Ich bin Grossbritannien und frage sie, ob sie irgendwann ein neues Leben anfangen wollen. «Ein neues Leben?», fragt die Mongolei. «Wozu? Mir gefällt es, in den Tag hineinzuleben.»

Ich strecke mich lang aus und denke an mein letztes Grundschuljahr zurück. Damals kam eine neue Lehrerin, eine Freiwillige aus der Stadt namens Tong, an unsere Schule. Sie trug einen Trenchcoat und war in jeder Hinsicht das Gegenteil zu unserem hageren, dunkelhäutigen Lehrer Wang. Als mein Tischnachbar ihr eines Morgens mit seinen schmutzigen, verfrorenen Pfoten die Hausaufgaben überreichte, machte sie ein seltsames Gesicht, das ich mir nicht erklären konnte. Wahrscheinlich war sie einfach nur angewidert. Im Nachhinein denke ich, dass ich mir damals schlicht nicht eingestehen wollte, dass ich ihre wahren Gedanken kannte. Als sie sich am Ende ihres Freiwilligendiensts von uns verabschiedete, sagte sie nur: «Wenn ihr nur hart genug arbeitet, wird bestimmt etwas aus euch werden.» Als sie fort war, trat Lehrer Wang vor die Klasse und sagte: «Glaubt kein Wort von dem, was Lehrerin Tong gesagt hat.»

Gleich wird es Mitternacht. Aus einer Ecke kommt eine Stimme: «Die Wettervorhersage meldet die Ankunft des Taifuns.» Draussen heult der Wind und der Regen trommelt auf das Dach. Die Götter verstummen allmählich. In dieser stürmischen Nacht über der Stadt der Wunder haben diese hilflosen Seelen alle vorübergehend ein

Nest gefunden. Wenn der Morgen kommt, werden sie vielleicht etwas Neues anfangen. Oder auch nicht.

Xiao Zeng und Zhang Weiwei sind Pseudonyme.
Aus dem Chinesischen von Karin Betz

JURY-STATEMENT

«*Der Klub der Nutzlosen* ist ein Stück, das uns alle staunen liess über den Zugang und die Durchdringung, die dem Reporter in der von ihm porträtierten Subkultur gelang. Qiang lebte 45 Tage mit einer Gruppe chinesischer Nihilisten zusammen, den so genannten «Göttern von Sanhe», die mehr schlecht als recht als Wanderarbeiter im Randgebiet der Millionenstadt Shenzhen leben. Diese Charaktere arbeiten entschieden nicht, sind internetsüchtig und verharren wochenlang in Cybercafés in einer kollektiven Seinsform hartnäckiger Sinnlosigkeit. Eine der einprägsamsten Figuren ist die erfahrene Prostituierte Schwester Hong.

In seiner ausführlichen Reportage bietet Qiang uns einen privilegierten und beeindruckenden, um nicht zu sagen haarsträubenden, Blick auf die untere Seite von Chinas erzwungenem Marsch in den Wohlstand. Nachdem wir *Der Klub der Nutzlosen* gelesen hatten, war uns allen so, als hätten wir etwas Neues und Überraschendes über dieses Land mit seiner riesigen Bevölkerung entdeckt, die von aussen oft als einheitliche Masse gesehen wird.»

DU QIANG

In der Schule las Du Qiang, 32, über den Wanderarbeiter Sun Zhigang, der wegen fehlender Papiere ins Gefängnis von Guangzhou gesteckt wurde und starb. Die

Reportage von 2003 führte zu einer Gesetzesänderung zugunsten von Wanderarbeitern und bestärkte Qiangs Entschluss, Journalist zu werden. Qiang ist der Sohn von Zwiebelbauern im Nordwesten Chinas. Nach dem Journalismus-Studium arbeitete er für die South Daily Media Group, schrieb Nachrichten, Polizeiberichte und sogar Promi-Geschichten. Doch schliesslich fokussierte er sich auf die Arbeiterklasse, die während Chinas raschem Aufstieg, links liegen gelassen wurde. *Pacific Massacre* heisst sein bisher wichtigstes Buch. Es handelt von 33 chinesischen Fischern, die sich wegen miserablen Arbeitsbedingungen gegenseitig umbrachten. *Der Klub der Nutzlosen* wurde von der Regierung Shenzhens aus Imagegründen aus dem Internet entfernt.

TRUE STRORY AWARD 2019

GEWINNER:

1. Preis:
Shura Burtin (Russland)
Monitor 1
Erschienen am 26. September 2018
in «Meduza»

2. Preis:
Mark Arax (USA)
Ein Königreich aus Staub
Erschienen am 4. Februar 2018 in
«The California Sunday Magazine»

3. Preis: Du Qiang (China)
Der Klub der Nutzlosen
Erschienen am 18. April 2018
in «Tencent News»

SPECIAL MENTIONS:

Hossam Bahgat (Ägypten)
Wer kauft Israels Gas?
Erschienen am 21. Oktober 2018
in «Mada Masr»

Eve Fairbanks (Südafrika)
Mein geliebtes, trockenes Land
Erschienen am 19. April 2018
in «Huffington Post»

Olesya Gerasimenko (Russland)
Der Aufstieg und Fall des bizarrsten Künstlerkollektivs der Welt
Erschienen am 3. März 2018
in «BBC Russia»

Daniel Howden (Griechenland/Grossbritannien) und
Giacomo Zaudoni (Italien)
Niger: Europas Migrations-laboratorium
Erschienen am 22. Mai 2018
in «Refugees Deeply»

Zichao Liu (China)
Usbekistan: Auf der Suche nach dem verlorenen Herzen von Zentralasien
Erschienen am 11. März 2018
in «Southern People Weekly»

Rohini Mohan (Indien)
Eine Schablone für den Hass
Erschienen am 1. September 2018
in «Harper's»

Taina Tervonen (Frankreich)
Der Vermisste
Erschienen am 7. Juli 2018
in «Les Jours»

Jan Christoph Wiechmann (Brasilien/Deutschland)
Fünf Brüder
Erschienen am 13. September 2018
in «Stern»

Ewa Wołkanowska-Kołodziej (Polen)
Gefangen im 4. Stock
Erschienen am 3. Januar 2018
in «Pismo»

NOMINIERTE:

Aditya Adhikari (Nepal)
Tod eines Journalisten
Erschienen am 24. September 2018
in «The Record»

Moritz Aisslinger (Deutschland)
Seine Experimente sollten helfen, Parkinson und Demenz zu heilen
Erschienen am 30. Mai 2018
in «Die Zeit»

Juan Miguel Álvarez (Kolumbien)
Das Gift des Drachen
Erschienen am 1. Juli 2018
in «El Malpensante»

Amanda Audi (Brasilien)
Abgeordneter 716%
Erschienen am 27. September 2018
in «The Intercept»

Amindeh Blaise Atabong (Kamerun)
Inside Ambazonia
Erschienen am 17. Dezember 2018
in «The Voice»

Bastian Berbner (Deutschland)
Ich und der ganz andere
Erschienen am 25. Mai 2018
in «Süddeutsche Zeitung Magazin»

Annalisa Camilli (Italien)
Eingeschlossen in Libyens Untergrund
Erschienen am 5. September 2018
in «Internazionale»

Martín Caparrós (Argentinien)
Das Mysterium der Revolutionen
Erschienen am 29. Mai 2018
in «The New York Times»

Samantha Chow, Shanjeev Reddy, Elroi Yee und Ian Yee (Malaysia)
Studentenschmuggel: Verzweifelt in Dhaka
Erschienen am 31. Dezember 2018
in «R.AGE»

Amal El-Mekki (Tunesien)
S17: Die Opfer der Launen des Innenministers
Erschienen am 24. Oktober 2018
in «Inkyfada»

Ahmed El-Shamy (Ägypten)
Kleopatra, fabriziert ausserhalb Ägyptens
Erschienen am 13. Dezember 2018
in «Masrawy»

Sarah Eleazar und Sher Ali Khan (USA/Pakistan)
Anatomie eines politischen Moments
Erschienen am 15. Juni 2018
in «Himal Southasian Magazine»

Alireza Gholami und Hassan Homayoun (Iran)
Händler der Zensur
Erschienen am 29. Dezember 2018
in «Erfahrung»

Tiphaine Gosse (Frankreich)
Befreite Sklaven schlagen zurück
Erschienen am 1. Januar 2018
in «sept.info»

Pavla Holcova (Tschechien),
Jan Kuciak (Slowakei),
Cecilia Anesi (Italien)
Das Modell, die Mafia und die Mörder
Erschienen am 28. Februar 2018
in «OCCRP.org»

Urszula Jabłońska und
Marcin Wójcik (Polen)
Die schändliche Berühungen des Exorzisten
Erschienen am 15. Januar 2018 in «Duzy Format, Gazeta Wyborcza»

Fatemeh Karimkhan (Iran)
Angeklagt als Mörder und ohne Geld
Erschienen am 1. Februar 2018 in «Nachrichtenagentur für iranische Studenten»

Elena Kostyuchenko (Russland)
Die Karawane
Erschienen am 2. Dezember 2018 in «Nowaja Gaseta»

Pedro Lopes Guimaraes (Brasilien)
Neymar Inc.: Die Maschinerie hinter Brasiliens Fussballstar
Erschienen am 12. Juni 2018 in «UOL»

Sara Manisera (Italien)
Verschwunden – Die Geister Syriens
Erschienen am 1. Oktober 2018 in «Jesus Magazin»

Kathleen McLaughlin (USA)
Meine Karriere als internationale Blutschmugglerin
Erschienen am 27. September 2018 in «The Guardian»

Antonio Melquíades (Brasilien)
Die Chagas-Seuche
Erschienen am 16. Dezember 2018 in «Diario do Nordeste»

Bruno Meyerfeld (Brasilien/Frankreich)
Somalia: Madobe, der respektierte Jihadist
Erschienen am 17. Juni 2018 in «Le Monde»

Alejandro Millán (Kolumbien)
Der Höllentrip durch den Darien Gap
Erschienen am 31. Januar 2018 in «BBC Mundo»

Tahereh Rahimi (USA/Iran)
Telegram: Die bliebte, aber verbotene App
Erschienen am 21. April 2018 in «Persische Stimme»

Ba Rui (China)
Flucht aus dem Schönheitssalon
Erschienen am 21. Mai 2018 in «People Magazin»

Eleonora Vio (Italien)
Frauen in den Minen
Erschienen am 21. Dezember 2018 in «womeninmining.it»

ADVISORY BOARD:

Svetlana Alexijewitsch (Russland)
Giovanni De Mauro (Italien)
John R. MacArthur (USA)
Susanne Wille (Schweiz)
Stefan Willeke (Deutschland)
Armin Wolf (Österreich)

PRÄSIDENTIN DER HAUPTJURY:

Margrit Sprecher (Schweiz)

HAUPTJURY:

Rania Abouzeid
(Libanon/Australien)
Jon Lee Anderson (USA)
Nureddin Farah
(Südafrika/Somalia)
Leila Guerriero (Argentinien)
Xiaolu Guo
(Grossbritannien/China)
Patrick de Sint-Exupéry
(Frankreich)
Suthichai Yoon (Thailand)

JURY:

Florence Aubenas (Frankreich)
Jacqui Banaszynski (USA)
Sergei Barseghian (Iran)
Shahnaz Bashir (Indien)
Rosa María Calaf (Spanien)
Miguel Carvalho (Portugal)
Amir Hassan Cheheltan (Iran)
Mansoura Eseddin (Ägypten)
Franz Fischlin (Schweiz)
Cyril Gay (Frankreich)
Mohammad Ghâéd (Iran)
Katrien Gottlieb (Niederlande)
Helon Habila (USA/Nigeria)
Li Haipeng (China)
Liang Hong (China)
Helena Janeczek (Italien)
Vinod K. Jose (Indien)
Maxim Kashulinsky (Russland)
Peter Linden (Deutschland)
Francesca Mannocchi (Italien)
Serge Michel (Schweiz)
Daniela Pinheiro (Brasilien)
Paolo Robero Pires (Brasilien)
Christoph Plate
(Südafrika/Deutschland)
Wu Qi (China)
Youssef Rakha (Ägypten)
Mikhail Ratgauz (Russland)
Rana Saddagh (Jordanien)
Alberto Salcedo Ramos
(Kolumbien)
Yury Saprykin (Russland)
Marino Sinibaldi (Italien)
Ece Temelkuran (Kroatien/Türkei)
Manjushree Thapa (Nepal)
Ingrid Thurnher (Österreich)
Ilija Trojanow
(Österreich/Bulgarien)
Julio Villanueva Chang (Peru)
Michela Wrong (Grossbritannien)

TRUE STORY FOUNDATION

STIFTUNGSZWECK:

Die True Story Foundation mit Sitz in Bern unterstützt Long Form Journalismus mit non-fiktionalem Inhalt.
Die True Story Foundation richtet den True Story Award aus.
Die True Story Foundation kann weitere Aktivitäten entwickeln, die der Förderung eines unabhängigen und qualitativ hochstehenden globalen Journalismus dienen.
Die True Story Foundation hat gemeinnützigen und humanitären Charakter, verfolgt keinerlei kommerzielle Zwecke und strebt keinen Gewinn an.

STIFTUNGSRATS-PRÄSIDENT:

Ernst Widmer, Ebmatingen

STIFTUNGSRAT:

Giorgio Albisetti, Muri b. Bern
Giovanna Battagliero, Bern
Marcel Brülhart, Spiez
Andrea Raschèr, Zürich
Peter Stämpfli, Muri b. Bern

IMPRESSUM

Herausgeber:
True Story Foundation
c/o Muntwyler, von May Notare
Monbijoustrasse 30
3001 Bern
www.truestoryaward.org

Verlag:
Reportagen Taschenbuch
Puntas Reportagen AG
Monbijoustrasse 36
3011 Bern
www.reportagen.com

Gestaltung: Moiré: Marc Kappeler,
Dominik Huber, Simon Trüb,
www.moire.ch
Korrektorat:
Annegret Schenkel, Leipzig
Lektorat (Russisch):
Isabelle Vonlanthen, Zürich
Übersetzungen:
Dario Planert (Russisch),
Eva Schestag (Amerikanisch),
Karin Betz (Chinesisch)

Druck: CPI books GmbH, Leck
ISBN: 978-3-033-07711-9